MONOGRAPHIE

DU

QUARTIER ET DE LA PAROISSE

DES ACCATES

PAR

M. L'Abbé Etienne GOUIN, Curé

MARSEILLE

IMPRIMERIE MARSEILLAISE

Rue Sainte, 39

—

1900

MONOGRÁPHIE

DU QUARTIER ET DE LA PAROISSE

DES ACCATES

MONOGRAPHIE

DU

QUARTIER ET DE LA PAROISSE

DES ACCATES

PAR

M. l'Abbé Etienne GOUIN, Curé

MARSEILLE

IMPRIMERIE MARSEILLAISE

Rue Sainte, 39

—

1900

AVANT-PROPOS

Le but de l'auteur est d'être agréable à ses paroissiens et de les intéresser : soit en leur racontant la formation ainsi que les développements successifs du pays qui les a vus naître ou qui leur a donné l'hospitalité, soit en leur rappelant les faits et gestes de leurs ancêtres.

Accatens d'origine ou d'adoption, les habitants des trois hameaux qui composent le quartier forment une véritable famille : c'est à elle que cet humble travail est dédié et gracieusement offert. Il est offert aussi, à titre de reconnaissance, à tous ceux qui ont daigné permettre à son auteur de puiser dans leurs archives les précieux renseignements qui l'ont puissamment aidé dans sa composition.

Ecrire la monographie d'un quartier peu important c'est faire une œuvre plus pénible qu'on ne le pense communément ; celui qui a accompli cette œuvre serait largement récompensé de sa peine, si dans l'avenir il lui était donné de voir ses lecteurs toujours animés, comme leurs pères, de l'amour le plus ardent pour leur village, leur église et leur Dieu.

L'Abbé E. GOUIN,
Curé des Accates.

MONOGRAPHIE

DU

QUARTIER ET DE LA PAROISSE

DES ACCATES

LES ACCATES, LES FABRES,
LES ROMANS

La paroisse des Accates, qui compte 300 habitants, comprend trois hameaux : *Les Accates, Les Fabres, Les Romans.* Les *Quatre-Saisons,* formées par les Fabres, sont considérées comme appartenant à ce hameau.

CHAPITRE PREMIER

LE VALLON DES ACCATES.

I

Origine de leur nom

L'étymologie des Accates a exercé la sagacité des savants et des érudits. Nous trouvons dans le Registre de la paroisse les diverses réponses données à cette question : pourquoi les Accates portent-elles ce nom ?

1° Les auteurs de l'*Histoire de la commune de Marseille* et ceux de la *Statistique du département des Bouches-du-Rhône* prétendent que ce pays est ainsi appelé parce qu'il contenait autrefois un bouquet d'érables consacré à une divinité champêtre par les anciens Marseillais ; l'érable se nomme en grec Ἄχαστος (*Acastos*).

2° M. Meynier de Saint-Louis dit que ce nom vient d'un bois d'ifs : Ἀγάταξος (*Agataxos*).

3° Les anciens de la localité, se basant sur le pro–

vençal, font descendre le mot Accates du mot *acata*, caché, abrité.

Le village est en effet à l'abri du mistral, grâce aux collines qui sont au Nord-Ouest.

4° D'après l'auteur du *Précis des faits et des titres qui ont motivé l'arrêt du 30 juin 1775* (1), le nom des Accates signifie *extrémités* dans la langue celte. Cette dénomination aurait été donnée au vallon dont nous nous occupons parce qu'il termine, effectivement, à son septentrion le territoire des Fabres et des Romans (2).

Chacun est libre de suivre en cela l'opinion qui lui convient ; pour nous nous préférons nous ranger au sentiment de Mortreuil. Cet auteur nous dit que Jacques de Forbin, propriétaire d'une métairie sise dans notre village, et dépendante de la seigneurie de Saint-Marcel, passa une convention (au XVIe siècle) par laquelle il céda la jouissance de cette métairie pour un certain temps déterminé sous la réserve d'une redevance. Cette convention, ce bail emphytéotique était appelé à cette époque *acte d'achaptes* et l'on pronçait *akates* (3).

---

(1) Cette pièce ainsi que le Registre précité sont conservés dans les archives paroissiales.

(2) *Loc. cit.*

(3) Mortreuil : *Dictionnaire topographique de l'arrondissement de Marseille.*

C'est à ce bail, assurément, que le quartier doit l'origine de son nom, car depuis lors dans tous les actes publics qui le concernent, il est toujours désigné sous le nom des Accates de Forbin (1) et non sous celui d'Accates seulement. Pour s'en convaincre il suffit de consulter les archives. En voici quelques-unes :

Dans celles du notaire F. Clavelli, on lit à la date du 28 juin 1544 : « Vente par Bernard Paul, de Saint-Marcel, à Paulet Malsange, d'une terre confrontant de trémontane l'afar des Acaptes de Forbin. »

A l'Evêché de Marseille, dans le Registre n° 61, un écrit daté du 4 septembre 1577 fait mention des Achaptes de Forbin.

A la Mairie, où l'aimable et savant M. Ch. Mabilly, archiviste, a bien voulu nous aider dans nos recherches, nous lisons dans l'*Estime des biens faicte en 1595* : « Jacques Coste, résidant aux « Accates de Forbin, possède une parcelle de ter- « rain aux Accates de Forbin. »

Toutes ces citations, qu'il serait facile de multiplier, prouvent bien la véritable étymologie des Accates.

---

(1) Les armes de Forbin sont : d'or au chevron d'azur accompagné de trois têtes de léopards de sable, lampassées, arrachées de gueules. Jacques de Forbin était consul de Marseille et seigneur de Saint-Marcel. Il mourut au commencement du XVIIe siècle.

Avant le quinzième siècle le quartier se nommait *Pique-nose* (1). Une petite forêt située entre les Accates et les Romans porte encore ce nom de nos jours.

Dans son histoire du Monastère de Saint-Sauveur, Ferdinand André se demande si par la vallée Occacine dont il est question dans les temps du Moyen Age, il ne faudrait pas entendre les Accates.

II

Précis très succinct de l'histoire des Accates

Les Accates ayant toujours dépendu de Saint-Marcel, il s'ensuit que leur histoire se confond avec celle de cette seigneurie. Dans leur *Histoire des Actes et Délibérations du Corps et du Conseil de la Municipalité de Marseille*, Méry et Guindon ont fait suivre le chapitre XVII des *Statuta Massiliæ* d'une note résumant admirablement bien l'histoire de notre quartier. En nous faisant connaître les divers possesseurs de la seigneurie, ces savants archivistes nous font connaître en même temps les divers possesseurs des Accates pendant une dizaine de siècles. Les vicomtes de Marseille sont les pre-

(1) Registre paroissial, p. 2.

miers dont il est parlé à ce titre : La commune leur achète la seigneurie et la possède jusqu'en 1262. A cette époque elle la vend à Charles, comte de Provence, et à Béatrix, son épouse, qui avaient manifesté le désir de l'avoir. La reine Jeanne la donne aux Marseillais en 1358. En 1437, René, comte de Provence, la vend à Charles de Castillon, la rachète en 1451 à la mort de celui-ci, la donne à la reine Jeanne son épouse, la lui reprend en 1473 pour la revendre à Allardel, évêque de Marseille. En 1647, Etienne de Puget, un de ses successeurs sur le siège de saint Lazare, la vend à la commune de Marseille(1).

III

Le vallon des Accates au XVIe siècle (2)

Les archives qui concernent les Accates ne remontent qu'au seizième siècle. A cette époque le quartier était sous la juridiction des évêques de Marseille (3). Jusqu'alors la plupart de ses habitants avaient été employés dans les propriétés de noble

(1) *Histoire des Actes de la Municipalité de Marseille*, par Louis Méry, t. II, p. 204.

(2) Des chapitres particuliers traiteront des Fabres et des Romans.

(3) *Monographie de la terre et du château de Saint-Marcel*, par M. de Forbin, p. 107.

Jacques de Forbin. Ces propriétés étaient immenses puisqu'elles s'étendaient de la Maussane jusqu'aux Romans. Les deux actes suivants nous le prouvent ; dans le premier, qui est du notaire P. Clavelli, du 28 juin 1544, il est dit : « Vente à Paulet Malsange d'une terre confrontant de trémontane l'afar des Acaptes de Forbin. » Voilà donc l'afar de Forbin, c'est-à-dire son bien avec toutes ses appartenances (1), limité au midi par la terre de Paulet Malsange, *Pauleti Malisanguinis*, en d'autres termes par la Maussane. Un autre acte de Baucet, notaire à Aubagne en 1486, nous fixe sur ses confronts du nord ; nous y lisons qu'à Extraluc, c'est-à-dire aux Romans, Mathieu Flavie a acheté un afar ayant pour confronts au midi la terre de noble Jacques de Forbin (2). Ce vaste domaine agricole fut alors morcelé, et à la fin du seizième siècle le vallon des Accates comptait vingt-cinq familles de propriétaires possédant en tout deux cent trente sept quarterées estimées 5.535 écus. Parmi ces familles, onze habitaient en 1595 les Accates de Forbin. Voici leurs noms :

« Mathieu Durbec ; Barthoumieou Savine ; Anthoine et Jacques Coste ; Estève Michel ; Pierre

---

(1) Mistral, *Dictionnaire provençal-français.*
(2) Archives de la Ville. Répertoire des divers actes notariés d'Aubagne. Baucet, série I, I.

Reballe ; hoirs à feu Pierre Savine ; marquise Pinatel, fame de Jaques Roux ; Anne Olive ; Antoinette Bègue, vefve à Jaques Vachier ; Julien Durhan ; Honoré Moture dit le Rabaillaïré. »

Neuf habitaient les Fabres ; il en sera fait mention dans la partie de cet ouvrage consacrée à ce vallon.

Les cinq autres familles avaient leur domicile aux quartiers ci-dessous désignés : « Les hoirs d'Anthoine Tardieou dit Gardanne, résidant à Saint-Marzeou ; Marquise Caïole, vefve de feu Georges Berjoin, demeurant à la maison de Jehan Jaques Mauvan près la four de Peyronnet à la figuière ; les hoirs à feu Antoine Raymond, demeurant au-dessus du Saint-Esprit ; Jehan Gaillard dit Gallou, résidant à sa bastide confrontant avec le terroir d'Allauch (1). »

<h1 style="text-align:center">IV</h1>

Le Vallon des Accates au XVIIe siècle

Le 22 février 1630 la peste fit son apparition à Marseille. A cette nouvelle sinistre soixante mille habitants sortirent de la ville dans un désordre inexprimable (2). L'empressement qu'ils mirent à

---

(1) Estime des biens faicte en 1595 sous Charles Ducazaulx et Louis d'Aix, consuls. Archives de la Ville, série D. D.

(2) *Histoire de Provence*, par A. Fabre, t. IV, p. 38.

quitter leurs foyers fut si grand que les portes de la ville furent pendant trois jours trop petites pour laisser passer la foule (1). Bon nombre de ces émigrants vinrent demander un abri aux Accates, où une généreuse hospitalité leur fut donnée pendant les quatre mois que dura ce fléau. « A cette occasion les consuls Nicolas de Gratian et Léon de Valbelle, restés au foyer de la contagion, baillèrent à Jehan d'Arène la comission de comander pendant le temps contagieux au cartier de la Vallantine et Clastres jusques au vallon de Boffigue. »

Jean d'Arène était écuyer et habitait une campagne tout près de la Valentine. Il se mit en devoir d'exécuter les ordres reçus et descendit au vallon des Accates « pour prendre dans les bastides de son enceinte le roolle des personnes, provisions et armes qui y estaient. »

Sur les dix-neuf familles qui habitaient les bastides du vallon des Accates, familles composées de cent cinquante-six personnes, au nombre desquelles étaient de nombreux Marseillais réfugiés, Jean d'Arène en compte six sans provisions. Il trouva en leur possession vingt arquebuses, deux épées, un pistolet, une pique, une arme daste et un mousquet.

____

(1) *Histoire des délibérations de la Municipalité de Marseille,* par Louis Méry, t. V, p. 436.

Cinq familles seulement étaient sans armes. Pourquoi les consuls se firent-ils rendre compte des moyens de défense que possédaient les paisibles habitants de nos bastides ? Nous ne saurions indiquer le motif de cette inquisition.

Les bastides perquisitionnées par Jean d'Arène avaient pour propriétaires : Jacques Moustiers, Claude Coste, Guilhem Miquel, Claude Choucquet, Peiron Chouquet, Gaspard Durbec, Antoine Chouquet, Jean Raynaud dont la campagne est actuellement possédée par M. Martin de Larouvière, François Arbaud, Pierre Reboul dit Verdière, Jacques Roulz le contrôleur de la Reynarde, le sieur de Lescaze dont la propriété appartient de nos jours à M. Rivoire, Pierre Carbonel, Mourard de Cipières (1).

Au mois de juillet 1630, la peste cessa d'exercer ses ravages ; les Marseillais retournèrent en ville et le vallon des Accates reprit sa vie paisible. Sa population s'augmenta considérablement, et dans l'espace de vingt-cinq ans, on y compta douze nouvelles familles, dont voici les noms : Touache, Gauthier, Martin, Coueste, Tardieu, Long, Ginouvès, Vallantin, Cailhol, Augier, Aiglier dit Rigaud, Carpan (2).

(1) Visites aux bastides du cartier de la Valantine, 1630. Archives communales. Série H H.

(2) Rôle des cartiers où Nicolas de Gratian et François Caillhol ont pris le plain et le vuide du vin, 1665. Archives de la ville. Série H H.

C'était à cause des travaux de la vigne que le vallon des Accates comptait à cette époque une population relativement considérable, puisque en 1655, Nicolas de Gratian et François Cailhol, commis par MM. les Consuls d'aller prendre le plain et le vuide du vin, trouvèrent dans le vallon des Accates, sans parler des Fabres et des Romans, trouvèrent, disons-nous — mille sept cent onze milléroles de vin, et des tonneaux vides capables d'en contenir onze cent soixante-quinze.

Une seule bastide, celle de Toussan Carbonel, est mentionnée dans le Rôle de ce temps qui nous sert de guide, comme n'ayant pas de cellier ; nous y lisons « la gès d'estivo » (1).

V

Le Vallon des Accates au XVIIIᵉ siècle

Par ce qui précède, nous avons fait connaissance des principaux propriétaires du vallon des Accates et nous avons appris combien était considérable la quantité de vin produite par leurs bastides. Une

(1) Rolle des cartiers que Nicolas de Gratian et François Cailhol ont été commis par MM. les Consuls d'aller prendre le plain et le vuide du vin, 1655. Archives de la ville. Série H H.

enquête faite par messire Gusman, prêtre desservant le quartier, et contresignée par monsieur de Foresta-Collongue, le 10 may 1709, nous fait connaître les travailleurs qui se trouvaient dans les campagnes du hameau, nous donne le nom de ceux qui, en très petit nombre, achetaient leur pain, et le nom de ceux qui le pétrissaient au commencement du dix-huitième siècle. En 1709 il y avait aux Accates (il ne s'agit ici ni des Fabres, ni des Romans), trente-trois familles de travailleurs composées de 140 personnes. Sur ces cent quarante personnes, treize seulement achetaient leur pain. Ces treize personnes formaient les cinq familles suivantes, savoir :

1° Marguerite Pugette, vefve de Jean-François Chouquet, seule ;

2° Jean-Baptiste Choquet, païsan journalier, sa fame, nommée Claire, et trois enfants ;

3° Louis Roux, païsan journalier, sa fame Catarine Roux, un enfant, deux filles ;

4° Jacques Martin ;

5° Jacques Touronne.

Ceux qui se nourrissaient du pain pétri par la famille formaient la grande majorité puisqu'ils étaient cent vingt-sept sur cent quarante. Parmi ces personnes un grand nombre ont encore des descendants dans la paroisse ; c'est pourquoi nous nous faisons un plaisir de citer les noms des chefs de ces familles :

Glode Coste, Magdeleine Lieutaude, Jean Coste,

Françoise Molarde, Louis Coste, André Durbec, Anne Mazet, Louis Durbec, Jean Roman, Louis Chouquet, Anne Caïolle, Jean Gilles, Jean-Baptiste dit le Poussaïre, André Boui, Antoine Michel, aultre Louis Coste dit Porgras, François Bérenger, dit Consoline, Louis Michel, J.-B. Tricon, Pierre de Constant, André Valentin, Joseph de Saint-Marcel, Jean Lirie, Antoine Bérenger, Louis Bérenger, Claire Delestrade, François Olive et Joseph Roman qui était foganier, c'est-à-dire boulanger (1).

Nombreuses devaient être les charges de blé produites par les Accates, car toutes ces personnes faisaient leur pain avec leur blé, ou avec celui qu'elles achetaient dans la localité. Les terrains des Accates incultes au commencement du XV⁰ siècle (2) avaient alors de beaux vignobles et de riches moissons de froment. Les principaux propriétaires de l'endroit : messieurs de Foresta-Collongue, de Grelin, de Saint-Jacques et Isnardon, furent nommés commissaires « pour les visites et la distribution des billets pour l'entrée du vin dans tous les quartiers du terroir de la ville de Marseille (3). »

A cette époque, de nouveaux propriétaires vien-

(1) Rolle des familles du Cartier des Accates, 1709. Archives de la ville, série H. H.
(2) Archives paroissiales.
(3) Archives de la ville.

nent s'établir dans le pays : ce sont : Jacques Martin, J.-B. Chouquet, fils d'Honoré, dit le Saint-Père ou Long Piaron ; Jean Bérenger, fils de Gabriel, rentier de Giraudon : Jean-Lebrun-Pierre Bérengier, dit *lou Grana* ; Lazare Mourardou ; Estienne Camoin, à feu Honoré, dit la Poucane ; Claude Carbonnel, qui achète le Haut Vallon.

Pendant le dix-huitième siècle, la population s'augmenta à tel point que le quartier compta plus de 400 habitants ; le siècle suivant devait voir diminuer ce nombre d'une manière étonnante.

VI

1720. La Peste.

Cette date rappelle d'horribles souvenirs. En cette année la peste, importée à Marseille par des vaisseaux venus du Levant, fit dans la ville des ravages affreux. Sur quatre-vingt-dix mille habitants qu'elle possédait soit dans les murs soit dans la banlieue, Marseille en vit périr cinquante mille, victimes du terrible fléau (1). A la tête de ceux qui se dévouèrent pour porter secours aux pestiférés il y eut Monseigneur de Belsunce, l'immortel évêque

(1) *Histoire de Provence*, par A. Fabre, t. IV, p. 252.

de Marseille, qui quelques années plus tard devait honorer de sa présence, à deux reprises différentes, le quartier des Accates, une fois en le visitant pour constater ses besoins spirituels, l'autre fois en bénissant son église.

Moins heureux que pendant la peste de 1630, le quartier des Accates, Fabres et Romans ne fut pas en 1720 préservé du redoutable fléau. Malgré son éloignement de Marseille, malgré toutes les mesures de prudence prises par un de ses propriétaires, M. Isnardon, nommé commissaire du pays pour la circonstance, le quartier se vit envahir par la contagion et perdit quarante-huit de ses habitants (1). Pendant ces jours malheureux Messire Gusman, le premier curé des Accates, se dévoua d'une manière héroïque pour prodiguer les secours de la religion aux paroissiens pestiférés.

VII

1736. Construction de l'Eglise.

Pendant les quinzième et seizième siècles les habitants du quartier des Accates, Fabres et Romans

(1) *Histoire des Actes de la Municipalité de Marseille*, par Méry, t. IV, p. CLXXVI.

s'étaient procuré les secours spirituels dans l'église de Saint-Marcel ; mais depuis lors les nombreux ravins qui coupaient les chemins (1) les ayant mis dans l'impossibilité de se rendre régulièrement à ladite église de Saint-Marcel, qui était leur paroisse, ils allèrent remplir leurs devoirs de chrétiens dans les environs.

La partie à lest du valon des Fabres se procura les secours de l'église des Camoins qui, quoique fort éloignée, létait cependant le moins. Ceux qui abitaient à louest de ce valon recouraient à l'église de Saint-Mené. Les habitants de sur le valon se pourvoïaient à l'église de la Valentine ; mais lincommodité de léloignement se fesant sentir, M. de Foresta leur permit de sassembler dans sa chapelle domestique aux Accates (2).

C'est en 1685 que M. de Foresta accorda cette permission aux habitants du quartier : Messire Gusman, précédemment recteur de la chapellenie de Saint-André, fut chargé de desservir cette chapelle « tellement exigue que plus de la moitié des fidelles rassemblés pour les offices devaient se tenir en dehors exposés aux intempéries de la saison (3). » En 1736, les habitants désireux d'avoir une église adres-

(1) Consultation de Me Pascalis, 20 novembre 1785. Archives paroissiales, N. N.

(2) *Précis des faits qui ont donné occasion à l'instance terminée le 30 Juin 1775.* Archives paroissiales, t t t.

(3) Requête présentée à M. lévêque de Marseilh. Archives paroissiales, A, n° 1.

sèrent à Mgr de Belsunce une requête que l'illustre Évêque accueillit avec bienveillance.

Elle fut signée par Lenoir-Delescaze, Saint-Jacques, Camoin, Bellerot, Greling, Négrel, Louis Coste, J.-B. Coste, Joseph Carbonel, Pierre Fabre, André Rouman, Jeanne Fabre, Syprien Rouman, Michel Rouman, Jacques Rouman, Antoine Coste, Bérengier, Lange Rouman, Antoine Bérengier, Joseph Rouman, Jean Jacques Coste, Jean-Baptiste Bérengier, Jean Durbec, Louis Coste, Jousé Brési, Estienne Camoin, Joseph Roman, Jean-Baptiste Ruoman, Claude Fabre, Pierre Coste, André Tardieu, Jean Caillol, Marc de Nicolas Caillol.

Mgr de Belsunce s'empressa de satisfaire les désirs exprimés dans cette requête, qui lui fut présentée dans le courant du mois de janvier 1736. Quelques jours après en avoir pris connaissance il partit pour les Accates malgré le froid rigoureux qui régnait alors et malgré le mauvais état des chemins. Notre quartier eut l'honneur de recevoir sa visite le 26 Février (1).

Mgr de Belsunce ayant reconnu la nécessité indispensable de construire une nouvelle église ainsi qu'un presbytère, donna son autorisation et approuva le plan d'après lequel l'édifice sacré devait s'élever

---

(1) Requête A, nº 1. Archives paroissiales.

dans le même lieu où était la chapelle de M. de Foresta ; les possédants biens promirent de faire bâtir l'église à leurs frais et dépens ; les habitants qui n'étaient pas riches s'engagèrent à y travailler de leurs propres mains ; M. de Foresta céda toute la place de la dite chapelle ainsi que « tout le terrain qu'il y a depuis la dite chapelle· jusqu'au chemin de sa bastide qui servira de place au devant de la façade de la nouvelle église et restera commune aux habitants du dit quartier sans qu'il puisse jamais y être élevé aucune bâtisse, ni par M. de Foresta et ses successeurs, ni par les habitants et prieurs du dit quartier qui néanmoins pour la décoration de la place y fairont planter trois rangs d'arbres qu'ils entretiendront et remplaceront à perpétuité. » Telle fut la concession faite par M. de Foresta-Collongue, propriétaire de la campagne possédée actuellement par M. Rouffio.

De son côté M. de Saint-Jacques, propriétaire du Galetas, donna une partie de son terrain pour la construction de l'église (1).

Pour se ménager les fonds nécessaires les ayants biens, les prieurs et les habitants des Accates s'assemblèrent le 1er mai 1736 (2). Dans cette réunion

(1) Verbal de visite au quartier des Accates le 26 février 1736. Archives paroissiales, B.

(2) Extrait de consultation de Mᵉ Pascalis, 20 novembre 1785. Archives paroissiales, N. N. — Extrait de délibération du quartier

ils décidèrent à l'unanimité d'établir une taxe de contribution sur tous ceux qui avaient concouru au nouvel établissement et qui devaient en profiter (1). L'assemblée autorisa les syndics et les prieurs à lever cette taxe et à contracter un emprunt (2).

On eut recours à Mademoiselle Jaubert, qui prêta la somme demandée à la condition qu'on lui ferait un intérêt de sept livres pour mille livres (3). Ces intérêts furent versés chaque année par les paroissiens entre les mains de son chargé d'affaires, le sieur Isnardon.

Après six ans les quotités furent diminuées (4).

Le recouvrement de ces impositions ne fut pas toujours chose facile ; ceux qui en étaient chargés furent même obligés, en présence de la mauvaise volonté dont donnèrent la preuve les héritiers de quelques signataires, d'avoir recours aux tribunaux. Parmi les possédants biens par voix d'héritage, il y en eut cinq qui pour ne pas payer leur quotité s'abritèrent derrière divers prétextes qui n'étaient pas

des Accates prise en exécution de l'ordonnance de Mgr Belsunce. Archives paroissiales, 26 février 1736, C.

(1) Consultation de M⁰ Pascalis, 20 novembre 1785. Archives paroissiales, N. N.

(2) Mémoire à consulter. Archives paroissiales, H H.

(3) Mˡˡᵉ Jaubert était une pieuse propriétaire de Marseille qui prêta aux Accates 6.100 livres avec la faculté de les lui rendre après six ans et même plus tard. Archives paroissiales.

(4) Archives paroissiales, G.

plausibles. De là procès entre eux et les prieurs des Accates. Ce procès fit dépenser beaucoup d'argent et perdre un temps considérable : il dura douze années. Le 5 août 1775 les cinq opposants furent condamnés à payer 635 livres six sols aux prieurs des Accates : cette amende fut versée entre les mains des dits prieurs en présence de M° Camoin, notaire. Ayant fait appel, les cinq opposants se virent condamnés de nouveau le 17 juin 1786, et ils subirent enfin une troisième condamnation le 28 février 1787 (1).

Une année suffit pour bâtir la demeure du Seigneur et celle de son ministre. Ces travaux furent exécutés par J.-B. Amphoux et Maurin, entrepreneurs maçons. Un bon nombre d'hommes des Accates ne pouvant contribuer à la construction de l'église par leurs offrandes se firent un pieux devoir de remplir gratuitement les fonctions de manœuvres. La dépense occasionnée par les travaux de maçonnerie s'éleva à la somme de cinq mille huit cent quatre-vingt-douze livres dix-neuf sols et treize deniers qui fut payée intégralement aux susdits entrepreneurs, le 16 août 1737 (2).

Les archives paroissiales nous ont conservé les

(1) Archives paroissiales.
(2) Toisé de l'église des Accates, 16 août 1737. Archives paroissiale, a a a.

noms des maçons ainsi que des autres ouvriers qui travaillèrent alors pour l'église ; les voici : Gras peignit la fresque de saint Christophe dans le sanctuaire, le tableau et le maître-autel.

Les travaux ordinaires de peinture désignés dans les archives sous le nom de barbouillage furent exécutés par Martin. Pierre Bérenger, maçon, travailla au service des peintres à raison de trente sols par jour (1).

Le maître-autel, en bois de noyer, mesurant huit pans de long et deux pans de côté, sortit des ateliers du sieur Joseph Achard, maître menuisier de la ville de Marseille. Cet autel était en forme de tombeau. Il coûta cent trente-cinq francs, qui furent payés à Achard le 29 mai 1737 (2). François de Saint-Clair fit, pour la somme de cent quatre vingt-trois livres à lui payées le 16 août 1737, les portes, croisées et autres travaux de menuiserie (3). Le serrurier se nommait Henri Aubelle ; le 9 juin 1737 il reçut pour son travail cent neuf livres et trois sols. La cloche fut faite par Charton, fondeur à Marseille. Son prix fut de cent trente-cinq livres qui lui furent soldées le 16 février 1737. Nous ignorons le nom du menui-

---

(1) Acquit du peintre, 1737. Archives paroissiales.
(2) Archives paroissiales. Factures.
(3) Acquit de François de Saint-Clair, menuisier, 1737, Archives paroissiales.

sier qui a fait le confessionnal et la chaire ; nous savons seulement que les prieurs Louis Fabre et Louis Bérenger lui donnèrent, en 1737, cent quarante-sept livres pour les avoir confectionnés (1).

L'église ne fut dotée des fonts baptismaux et de la Sainte Table que bien longtemps après sa construction (2). Elle fut bénite le 1er mai 1737, par Monseigneur de Belsunce (3).

A partir de ce jour, l'église fut livrée au culte. Voulant donner à M. de Foresta-Collongue un témoignage de sa reconnaissance pour tout ce qu'il avait fait en faveur du quartier, l'illustre prélat consentit volontiers à ce que la nouvelle paroisse fût placée sous le vocable du martyr saint Christophe, son patron, et fut heureux de voir enclavée dans l'église son ancienne chapelle domestique qui, pendant cinquante ans, avait été d'un grand secours aux habitants du quartier.

L'église ne fut d'abord qu'annexe de la paroisse de Saint-Marcel et le prêtre qui la desservait portait le titre de : secondaire délégué par le vicaire perpétuel de Saint-Marcel pour l'administration des

(1) Livre de Raison des Accates, page 4. Ce livre et les archives paroissiales sont au presbytère des Accates.

(2) Réponse pour le quartier des Accates, 10 mai 1786. Archives paroissiales, j j j, n° 1.

(3) Extrait de visite pastorale de Monseigneur l'Evêque de Marseille aux Accates. Archives paroissiales, B, n° 2.

sacrements (1). Bien que l'église n'ait été érigée en succursale qu'en 1794 par l'arrêté du 7 thermidor an II (2), on ne laissait pas pourtant d'y conférer tous les sacrements comme dans une église paroissiale (3), excepté peut-être le baptême, car pendant bien des années elle fut privée des fonts baptismaux (4).

VIII

1792. La Révolution.

D'un trait de plume les Révolutionnaires supprimèrent l'église en 1792. Blessés dans leur foi de catholiques, les paroissiens protestèrent respectueusement auprès des autorités de cette époque (5).

L'Administration départementale fit droit à cette demande, et permit que l'église fût conservée provisoirement comme oratoire national ou église de secours, à la condition qu'elle serait desservie par un prêtre assermenté. A la suite de cette décision,

(1) Archives paroissiales. Mémoire, p p p.

(2) Registre paroissial, p. 6.

(3) Réponse pour le quartier des Accates contre le quartier des Camoins, 10 mars 1786.

(4) Observations à M. de Beaurecueil. Archives paroissiales.

(5) Pétition aux Administrateurs des Bouches-du-Rhône, 1792. archives paroissiales, n° 4.

messire Bourdon qui, depuis huit ans, était curé des Accates, fut contraint de se retirer, et fut remplacé dans ses saintes fonctions par un prêtre assermenté, c'est-à-dire par un schismatique (1). La plupart des paroissiens s'honorèrent en refusant de reconnaître un intrus pour leur curé (2). Il aurait semblé que l'église réouverte au prix d'un tel sacrifice et avec l'agrément de l'autorité civile aurait dû être préservée de toute déprédation. Il n'en fut rien. Les révolutionnaires la dépouillèrent de tout ce qu'elle possédait ; à tel point que les habitants furent dans la nécessité de prêter leurs chandeliers pour orner les autels pendant les offices. Ces tigres à face humaine ne se contentèrent pas de ces exploits sacrilèges ; ils menacèrent de mort les paroissiens qui faisaient acte de religion, ils en incarcérèrent ; ils allèrent jusqu'à en pendre dans le village même.

Chose surprenante ! ce fut pendant que la tourmente révolutionnaire jetait la terreur dans le quartier comme partout ailleurs, que l'église fut reconnue comme succursale par l'arrêté du 7 thermidor an II

(1) Registre paroissial, page 6.

(2) Pendant la Révolution, M. l'abbé Roux, curé de Saint-Marcel, exposa sa vie pendant plusieurs années pour administrer secrètement aux habitants des Accates les sacrements qu'ils ne voulaient pas recevoir des prêtres assermentés. Ce saint et courageux curé se travestissait tantôt en charretier, tantôt d'une autre manière ; les Révolutionnaires ne parvinrent jamais à s'emparer de sa personne.

(25 juillet 1794), jour de la fête de saint Christophe, patron de la paroisse.

IX

Le Vallon des Accates au XIXe siècle.

Au commencement de ce siècle la population du quartier diminua d'une manière étonnante. Cette diminution, conséquence non de la mortalité, mais de l'émigration, doit être attribuée à la mévente du vin. Plusieurs viticulteurs n'ayant plus de place ni dans leurs tonneaux ni dans leurs caves pour le vin nouveau, furent contraints de jeter celui qu'ils avaient récolté précédemment. La paroisse qui, en 1736, comptait plus de 400 âmes, n'en possédait plus que 206 en 1818. La culture de la vigne fut dès lors un peu délaissée ; et lorsque plus tard le phylloxéra et tous ses congénères eurent exercé leurs ravages, les vignes disparurent complètement du sol accaten. Depuis quelques années, les grands propriétaires du terroir se sont adonnés de nouveau à cette sorte de culture dans le vallon même des Accates.

Nous aurions tort cependant de mal parler de ce siècle ; car de 1800 à 1900 le quartier a été complètement transformé. Presque chaque année est témoin d'un événement heureux ou mémorable. En 1808, le 1ᵉʳ octobre, Monseigneur de Cicé publie un décret établissant les paroisses dans le département des Bouches-du-Rhône ; à la suite de ce décret, celle des Accates est agrégée au doyenné d'Allauch. 1811 voit la création du premier Conseil de Fabrique ; les fabriciens remplacent les prieurs.

Depuis 1812, la paroisse est administrée par un curé proprement dit ; et le prêtre qui la dessert cesse d'être sous la dépendance du vicaire perpétuel de Saint-Marcel.

Le quartier, qui pendant quarante-deux ans a dû faire inhumer ses défunts dans les paroisses voisines, possède enfin un cimetière en 1819. Trois ans après, l'église s'augmente de la chapelle du Sacré-Cœur. En 1828, on construit le clocher actuel. L'église est dotée de son premier chemin de croix en 1834 ; et, en 1841, de la tribune. Une belle route, longeant le grand Vallat, est créée en 1844 pour le plus grand bien du quartier : les propriétaires de la Denise et du Galetas font alors dans leurs campagnes les superbes allées qui relient leurs châteaux à ce chemin de grande vicinalité.

En 1848, les eaux bienfaisantes de la Durance, amenées en abondance dans le terroir par le Canal de Marseille, transforment complètement l'état des campagnes. Le chemin vicinal de la Valentine aux

Accates est considérablement agrandi en 1850 ; l'année suivante la place est embellie par l'érection de la croix du jubilé. En 1858, une horloge est placée au clocher ; le Cercle Saint-Christophe est créé en 1859 ; un an après une fontaine monumentale est inaugurée sur la place. L'année 1864 est témoin de la pose des vitraux dans l'église, et celle de 1865 de la Mission. L'instruction des enfants n'est pas négligée en ce siècle : l'Ecole paroissiale des filles est établie en 1867 et celle des garçons en 1874. On s'occupe aussi du soin des malades : les Religieuses Trinitaires arrivent en 1867 pour être comme des anges de consolation auprès des souffrants qu'elles entourent de leur tendre sollicitude ; en 1869, M. le curé Chaffin, ancien docteur en médecine, fonde la pharmacie. Cet aperçu peut suffire pour montrer les progrès faits par les Accates pendant le dix-neuvième siècle.

X

Topographie et Statistique

Limites de la Paroisse — « Il n'y a point de district réglé par Monseigneur l'Evêque entre les quartiers de la Valentine, des Accates, de Saint-Menet et des Camoins ; l'usage seul et la possession ou l'aspect des lieux leur fixe des bornes. » (1) Ce sentiment est aussi celui de M⁰ Pascalis (2), et de tous les jurisconsultes en général. Cela dit, voici ce qui a toujours été considéré comme limites de la paroisse. Du côté du couchant, les Accates sont séparées de la Valentine par une longue muraille tirant du nord au midi, séparant la propriété du sieur Jouvène d'avec celle qui était au sieur Massot (de nos jours séparant la Jouvène d'avec la campagne Lanteaume) et venant aboutir au chemin qui va de la Valentine aux Accates et qui tire de couchant à levant. A partir du chemin et en suivant la direction du midi, les Accates sont séparées de la Valentine par le petit ruisseau qui se jette dans le grand Vallat au siphon après avoir traversé la Denise (3).

Au nord et au nord-est, les Acccates sont bornées par Allauch et sont séparées de cette paroisse par la Serrière ou ligne divisoire de la commune de Marseille et de celle d'Allauch.

Du côté de l'est, c'est la cime du coteau qui sépare le quartier de celui des Camoins (4) ; et enfin au

____

(1) Rapport de Joseph Durbec, arbitre, 1741, archives paroissiales.

(2) Consultation de M⁰ Pascalis, 20 novembre 1785, archives paroissiales, N. N.

(3) Rapport de Durbec, arbitre, X. X.

(4) Consultation de M⁰ Pascalis, 20 novembre 1785, archives paroissiales N. N.

midi, les Accates sont séparées de Saint-Menet par le grand Vallat.

POPULATION. — En 1737, la paroisse des Accates comptait plus de 400 âmes (1); depuis cette époque ce nombre a considérablement diminué. En 1818, il n'y en avait plus que 206; en 1866, 265; en 1872, 272; et en 1900, 300. Ces 300 habitants forment 84 familles.

RENSEIGNEMENTS DIVERS. — Les Accates sont à 11 kilomètres 300 mètres de Marseille ; elles font partie de la 4ᵉ circonscription électorale, sont comprises dans le 8ᵒ canton. Elles dépendent du 19ᵉ arrondissement de police (Saint-Loup); et du 8ᵉ arrondissement de perception (Grande rue Marengo, 25). Leur bureau de vote (56ᵉ) est à la Valentine ; la justice de paix au cours Devilliers, 11 ; les pompiers à la Plaine et le bureau de poste à Saint-Marcel. Au point de vue des moyens de communications, le quartier des Accates est un de ceux qui laissent le plus à désirer. Les gares les plus rapprochées de la localité sont celles de Saint-Marcel et Saint-Menet.

LA PLACE DE L'ÉGLISE. — Sur cette place, donnée en 1737 par M. de Foresta, on remarque la croix du

(1) Archives paroissiales, p. 4.

Jubilé plantée en 1851 ; la fontaine monumentale dont M. l'abbé Long, curé, dota la paroisse en 1860. Cette fontaine, dont le bassin a été fait par Boyer, maître tailleur de pierres à Saint-Marcel, a coûté plus de deux mille francs. Cette somme a été fournie ainsi qu'il suit : la Mairie a donné 1.000 francs ; MM. Berniaud, Gaspard Nicolas, Jean Fabre, Sicre, Gaspard Mazet, B. Richaud, André Mazet, Saurin, Blanchard, Decamp ont aussi donné mille francs ; et M. l'Abbé Long ainsi que la Fabrique ont complété la somme.

A l'époque où M. de Foresta fit ce don au quartier la place était loin d'être dans le bon état où nous la voyons de nos jours. Il n'y avait point d'arbres : c'était un terrain inculte que les habitants traversaient pour aller assister aux offices divins dans la chapelle. Le curé de ce temps, messire Pourcelly, les prieurs et les paroissiens se mirent aussitôt à l'œuvre pour la transformer. Ils plantèrent six mûriers : ce fut Jean Castelin, travailleur, qui en fit les trous, les planta et transporta la terre. Louis Fabre, trésorier, lui donna pour sa peine neuf livres le 23 mars 1738 (1) et depuis lors jusqu'à nos jours les curés et les fabriciens ont toujours entretenu et remplacé les arbres de la place.

(1) Archives paroissiales.

Devant l'église le terrain était fort accidenté, on le nivela ; rien n'avait êté fait pour le soutenir. Jean Bérengier, maître maçon du lieu de Néolle (Eoures), construisit la grande muraille et le parapet qui la sépare du jardin mis gracieusement à la disposition du curé actuel par M. Philippe Rivoire. Il fit ce travail pour trois cent une livres que Louis Fabre, trésorier des Accates, lui paya le 23 juin 1738 (1). Lorsqu'on est en face de la croix on a à sa gauche un platane planté sur l'alignement de la croix et éloigné d'elle de quelques mètres à peine. Là même se trouvait un bassin construit en pouzzolane, mortier qui durcit sous l'eau et s'oppose aux infiltrations ; il fut comblé lorsqu'on y planta ce platane.

Du côté opposé à l'église la place est voûtée en grande partie jusqu'à l'enfoncement que l'on a à sa gauche en descendant dans la traverse de la Greline. Ce souterrain, avec lequel la fontaine n'a aucun rapport, a probablement été fait pour l'écoulement des eaux du château ou du quartier.

LA PLACE, SA PARTIE SEPTENTRIONALE. — C'est sur cette partie que vient aboutir le petit boulevard Saint-Christophe, prolongement du chemin des

______

(1) Archives paroissiales.

Accates du côté nord de l'église. Ce sont les hommes du quartier et M. le curé Long qui ont fait ce boulevard.

Dans le courant du siècle dernier ce côté de la place a été transformé. Actuellement les grandes remises de M. Rouffio bornent la place du côté du nord-est ; avant 1862 elles n'existaient pas. Au lieu de ces remises les vétérans du quartier se souviennent d'avoir vu une bergerie très basse attenante à un escalier qui conduisait à un grenier ; à côté une remise, une vieille maison avec son « borda » et son petit lavoir : elle appartenait à la famille Fabre. Devant ces habitations protégées contre les ardeurs du soleil par des ormeaux séculaires il y avait une aire dont tous les habitants pouvaient se servir. Un chemin étroit et pas toujours très praticable passait entre l'aire et l'église et conduisait aux Accates.

Il avait été question en 1777 de faire un cimetière sur le terrain situé derrière l'église. Ainsi que nous l'avons dit, ce projet fut abandonné. Sur cet emplacement fut construit le clocher actuel en 1828, et en 1874 le petit lavoir.

LE VILLAGE DES ACCATES. — Le village des Accates n'a que deux magasins : un salon de coiffure ouvert une fois par semaine, et une boucherie où l'on vend en même temps des comestibles et des articles de mercerie. Le salon de coiffure, tenu par M. Jean-Louis Durbec, est dans les dépendances du Cercle Saint-Christophe, et la boucherie, qui est tenue par la famille Etienne Pellet, est située dans ce qu'on appelle la Grosse Maison, habitation qui est probablement la plus ancienne des Accates. La boulangerie du quartier est au hameau des Fabres, c'est M. Roman qui la dirige ; tout près de là, aux Quatre-Saisons, M. Roman fils a le débit de tabacs et M. Bouze le magasin de grains et de charbons.

Le village des Accates a eu lui aussi ses transformations. Il possédait autrefois deux puits qui rendaient de grands services à sa population privée d'eau potable ; l'un de ces puits, actuellement enclavé dans la propriété Rouffio, n'est plus d'aucun secours pour les habitants ; et l'autre, qui était presque en face de la maison Barruol-Mazet, a complètement disparu.

La rue qui conduit de l'église aux Accates en longeant la propriété Rouffio était jadis fort peu praticable : c'est M. le curé Arène qui y a fait placer les escaliers, il y a soixante ans environ, et l'a fait mettre dans le bon état où nous le voyons. Dans cette rue, au coin il y avait un four où chacun allait faire cuire son pain ; ce four fut remplacé plus tard par une boucherie. A côté du four se trouvait un moulin d'huile dont on voit encore les restes dans la bergerie

Pellet. Sur la place où semble se terminer cette ruelle on voyait une vieille maisonnette avec remise, sur son emplacement s'élève la gracieuse maison de la famille Mazet. Le hameau des Accates, situé au nord de l'église, à une distance d'environ cinquante mètres, est sillonné par trois rues et contient douze maisons. La population du Vallon des Accates est de 214 habitants formant 60 familles.

XI

Le Vallon des Accates.
Sa campagne. — Châteaux. — Villas.
Maisons de campagne.

Lorsque le citadin s'éloigne de sa demeure, il dit qu'il se rend à la campagne. Il a raison : aux Accates on est complètement à la campagne. Châteaux, villas, bastides, cabanons, l'excursionniste trouve tout ici à profusion. Arrivé au terme de sa course, il s'assied au bord d'un ruisseau sous les frais ombrages des arbres séculaires. Il écoute avec plaisir le doux chant des oiseaux ; et au milieu de ce calme, de cette tranquillité où l'on se trouve si bien lorsqu'on peut éviter pendant quelques instants le tumulte et le bruit de la ville, il rappelle à sa mémoire les beaux vers de Virgile sur le bonheur de la vie champêtre. Disons un mot de chacune de ces campagnes.

La Bailline. — Maisonnette située entre le Grand Vallat et le chemin de grande vicinalité. M. l'abbé Bailli, un de ses anciens propriétaires, lui a donné son nom.

La Barrachone. — Petite pièce de terre sur le chemin de la Valentine aux Accates. En 1851, M. Gaspard Nicolas l'acheta à M. Mouren, propriétaire à La Valentine, pour agrandir sa campagne de la Denise.

La Baume des Renards. — Charmante oasis au milieu de la colline voisine de Notre-Dame de la Salette. On y jouit d'un superbe panorama. Cette propriété, possédée par M. Gaspard Mazet, est ainsi appelée parce qu'elle contient une baume qui, d'après la tradition, servit autrefois de refuge aux renards. Elle a appartenu successivement à MM. Chouquet, Moulard, Durbec, G. Nicolas, Mme Eiglier.

La Bellerote. — Propriété de Mme veuve Rançon affermée par la famille Jean-Louis Durbec. En 1737, elle était en la possession de M. Bellerot, qui donna largement pour la construction de l'église (1). Ce

(1) Etat de la contribution du 22 décembre 1737. Archives paroissiales, h 1.

propriétaire était un descendant de Balthazar Bellerot, premier échevin de Marseille en 1665.

LA CARBONNELLE. — Maison d'école des filles et résidence des Religieuses Trinitaires de Sainte-Marthe. Possédée successivement par les familles Carbonnel, J.-B. Coste dit Pitoué, Etienne Mazet, Toppia et M. Gaspard Nicolas, qui l'a achetée à la famille Toppia en 1857. Elle est actuellement la propriété de Mme veuve Eiglier. La maison du fermier qui y est attenante est habitée depuis plus de quarante ans par Firmin Chauméry et sa famille.

LA CAYOLE. — Cette campagne était autrefois à M. Joseph Fey, qui la vendit en pension viagère à M. Gairoard et aux époux Durand. La famille Fey la tenait de M. Arnaud. En 1869, M. Gaspard Nicolas l'a achetée à M. Durand ; de nos jours c'est M. Lanteaume qui la possède. C'est dans cette propriété que les Religieuses Trinitaires reçurent pendant quelque temps l'hospitalité en 1885 lorsque, leur école ayant été laïcisée, ces bonnes Sœurs se trouvèrent sans logement. En 1880, on a découvert dans cette campagne des tombeaux à base étroite, larges au milieu et se terminant en forme d'arceau : les briques employées pour leur construction mesuraient vingt centimètres d'épaisseur et quarante de longueur. Les corps renfermés dans ces tombeaux étaient complètement réduits en poussière.

On a trouvé dans la même propriété des bassins et des substructions qui, vu la nature argileuse du terrain, semblent indiquer l'existence d'une ancienne tuilerie.

La maison du fermier de la Cayole est désignée sous le nom de :

LA MASSOTE. — C'était un sieur Massot qui la possédait au XVIIme siècle (1). En 1737, elle était la propriété de Claude Coste dit Jeaumelle (2). Depuis plus de trente ans cette maison est habitée par la famille Thomas Durbec. En 1822, M. B. Fey l'avait achetée à M. Louis Carbonnel ; M. G. Nicolas en est devenu propriétaire en 1869.

LA CHOUQUETTE. — Deux endroits portent ce nom ; la maison attenante à l'habitation Barruol Mazet, occupée par la famille Serrat, et celle qui est au-dessus de Pauïan, dont les propriétaires sont les deux familles Durbec et Camoin. C'est aux Chouquet, leurs anciens possesseurs, que ces endroits doivent leur nom. Cette famille est mentionnée dans les archives de 1630 (3).

(1) Archives paroissiales.
(2) Etat de contribution du 22 décembre 1737, H 1.
(3) Visite aux bastides du cartier de la Valentine, 1630. Archives communales, série H H.

LE COUINIER. — Cette campagne voisine du Bas-Vallon et affermée par la famille Mathieu Pons doit probablement son nom à Jean Bérengier dit Couinier, propriétaire à Eoures et aux Accates en 1748. Le Couinier a été possédé par MM. Rouelle, Thérézol, Martin, Coste. Il est actuellement la propriété de Mme veuve Eiglier.

LA CYPIÈRE. — Elle est située à l'angle formé par le chemin de grande vicinalité et la traverse de la Greline. Mme de la Cypière, qui la possédait et l'habitait, ne vivait pas en bonne intelligence avec les échevins de son temps : c'est ce que nous apprend une note trouvée dans les archives. « MM. les intendants qui sont commis pour procéder à l'estime des propriétés des cartiers sy dessus exprimés, sont priés de comprendre dans leur estime et controlle le fonds de bastide de la dame de Cypières. Ils sont avertis de ne point s'arrêter à toutes les protestations et à tout ce que la dame de Cypières pourrait leur dire sur le procès qu'elle a avec MM. les échevins (1). »

LA DENISE. — C'est une des propriétés dont il est question le plus souvent dans les archives pa-

---

(1) Note jointe à un état des quantités de vin que peuvent produire les propriétés des cartiers des Camoins, La Treille, la Bastidonne, la Millière, le Galetas.

roissiales. En 1720, elle appartenait à Denis, qui y vit mourir un de ses parents victime de la peste et muni des derniers sacrements par messire Gusman (1). A la mort de Denis elle passa entre les mains de son fils Nicolas Denis, qui le 11 mars 1741 écrivait en ces termes son adhésion aux contributions : « Je conssens de paié les couttité impoisszé « aussuiet de la construction de la nouvelle églize « du cartier des Accates, Aux Fabre le 20 iun 1741. « Jean Nicolas (2). »

Nous voyons le même Jean-Nicolas Denis figurer parmi les bienfaiteurs de la paroisse en l'année 1779 (3). A cette époque, la Denise était bien loin d'être telle que nous la voyons de nos jours. Ce fut M. Toussaint Nicolas qui commença à l'agrandir en 1833 en y ajoutant un terrain acheté à la famille Billaud ; mais ce fut M. Gaspard Nicolas qui la transforma. A côté de la Denise se trouvaient plusieurs pièces de terrain : la Carbonnelle ou la Catherine ; la Goye, à Mlle Ferrat ; la Barrachone, à M. Mouren, et plusieurs autres encore. M. Gaspard Nicolas fit acquisition de toutes ces parcelles de terre et par ce moyen agrandit sa propriété d'une manière considérable.

(1) Rapport de Durbec, 1740. Archives paroissiales, X X.
(2) Obligation de Denis. Archives paroissiales, s. s.
(3) Livre de Raison.

En 1854, il fit construire le château actuel qu'il fut heureux de mettre à la disposition de Mgr Cruice, évêque de Marseille, lorsque, en 1864, une maladie terrible qui devait le ravir à son diocèse vint frapper ce saint et docte Pontife.

Né à Marseille en 1807, M. Gaspard Nicolas eut des débuts assez modestes. Grâce à son amour du travail et de l'ordre, il parvint d'abord à se faire une position assez convenable. Ayant réalisé quelques économies, il créa en 1837, avec M. Saurin, une maison de commerce à la rue Mission-de-France, 5. Cette maison, dirigée avec intelligence, ne tarda point à prospérer. M. Nicolas savait choisir ses employés et les gardait longtemps à son service ; on en a la preuve dans les deux frères Mazet : l'aîné, M. Gaspard, a été son voyageur pendant quarante et un ans ; et son frère, M. Louis, fut pendant trente années chargé de gérer ses affaires.

Aucun habitant de la paroisse n'a oublié son amour pour les Accates. Pendant vingt ans il fit faire des travaux de terrassement à vingt hommes du quartier. Les ouvriers de la localité qui se trouvaient sans travail, surtout pendant la mauvaise saison, étaient assurés d'avoir une occupation en s'adressant à lui. Son amour pour les Accates, M. Nicolas l'a manifesté non seulement en procurant du travail à tous les hommes de la paroisse qui en désiraient, mais il l'a prouvé aussi par la large part qu'il a prise à l'établissement de l'école des Frères et des Religieuses, à la création de la pharmacie et du cercle de Saint-Christophe.

Homme de travail, d'intelligence et de cœur, M. Gaspard Nicolas fut aussi un homme de religion. Tous les jours on le voyait assister à la sainte messe à Notre-Dame de la Garde, dont il fut fabricien et trésorier pendant 17 ans ; dans son château il fit faire un élégant oratoire dans lequel Mgr Cruice célébra le saint sacrifice pendant une partie de sa maladie ; il embellit l'église des Accates et fit construire le sanctuaire de Notre-Dame de la Salette, dont il sera question dans la partie consacrée aux Romans.

M. Gaspard Nicolas est mort à Marseille le 26 avril 1878, à l'âge de 71 ans ; Mgr Cruice avait demandé pour lui et obtenu de Pie IX la croix de saint Grégoire le Grand (1).

Depuis sa mort, la Denise est possédée par M. Eugène Nicolas, son neveu. Mgr Cruice, Mgr Place et Mgr Robert ont honoré la Denise de leur visite.

L'ESCARBOUZIÈRE. — Cette propriété de M. Paulin Grosson est renommée à cause de son miel médaillé

____

(1) *Semaine Liturgique*, 5 mai 1878.

plusieurs fois aux expositions d'apiculture : c'est le miel de N.-D. de la Salette, qui jouit avec raison d'une très grande renommée. Au chapitre des Fabres, il sera parlé des illustres ascendants de M. Grosson.

FATIGON. — C'est le nom que portait autrefois la maison Mazet-Baruol, sise dans la traverse des Fenêtres-Rouges. Ce nom lui vient de son ancien propriétaire, M. Fatigon.

FENÊTRES-ROUGES. — Cette bastide, habitée par la famille Baille, est désignée sous ce nom parce que depuis très longtemps ses fenêtres sont peintes en rouge. La croix en bois que l'on voit à la droite de cette bastide a été érigée, en 1825, à la suite du Jubilé.

LE GALETAS est le château le plus beau de la paroisse : ce sont MM. Berniaud et Raynouard qui l'ont mis dans l'état actuel. Depuis la fin du XVIIe siècle, le Galetas a eu pour propriétaires MM. Pierre-Guillaume de Saint-Jacques, André Teisseire, Roy, Mlle Victorine Mante, M. Raynouard. Il est possédé de nos jours par la famille Philippe Rivoire. Le plus illustre de tous ses propriétaires fut sans contredit M. de Saint-Jacques. Né à Marseille le 18 janvier 1722 (1), noble Pierre-Guillaume de Saint-

(1) *Etude sur la vie et les travaux de Saint-Jacques de Silvabelle*, par l'abbé Aoust, p. 2.

Jacques fut écuyer et échevin de la ville de Marseille (1) ; il fut adjoint du quartier des Accates et prit une large part à la construction de l'église, car il était aussi pieux que savant. Il composa de nombreux ouvrages de science : le *Livre des Variations célestes* ; le *Traité des rapports du corps avec l'âme et de l'âme avec Dieu.* Il fit de nombreuses découvertes astronomiques. Pendant quarante ans il fut directeur de l'observatoire de Marseille. La maison qui avait été témoin de sa naissance le fut aussi de sa mort. Il y rendit son âme à Dieu le 10 février 1801. M. de Saint-Jacques vécut 79 ans.

Le Galetas, remarquable du temps de M. Raynouard par la richesse de ses fleurs, est aujourd'hui renommé à cause de sa grande fraiserie. Ses fraisiers au nombre de dix mille donnent leurs fruits dans la saison de l'hiver : on y remarque en particulier la Marguerite, Lebreton, le docteur Morer et la Victoria.

GARDANON. — Cette petite habitation, que l'on voyait jadis dans le voisinage de la Bailline, occasionna à ses démolisseurs en 1870 une véritable surprise. Tandis que les murs s'écroulaient sous les coups des marteaux, les maçons virent tomber sur le sol une pluie de pièces de monnaie. C'étaient des

(1) *Les anciennes familles marseillaises,* par Octave Teissier ; au chapitre : de Saint-Jacques.

pièces de six francs qui avaient été placées dans une
muraille par les anciens habitants de cette maisonnette : elles représentaient la République et Napo-
léon Ier (1807).

LA GRELINE. — Cette campagne tire son nom de
M. de Greling, son propriétaire à l'époque de la
construction de l'église (1736).

M. Jean-Michel de Greling était négociant, chevalier de Saint-Louis, administrateur de l'Œuvre de
la Providence et adjoint du quartier des Accates.
M. de Greling fit beaucoup de bien à l'église, qu'il
contribua à faire construire (1). En 1839, sa campagne était possédée par M. Lazare-André-Victorin
Fassy ; elle appartint ensuite à son parent le docteur
Augustin Fouillot, qui pendant de longues années
fut président du Conseil de Fabrique aux Accates.
Depuis le mois d'octobre 1880, époque de la mort
de M. le docteur Fouillot, La Greline est en la
possession de sa fille Madame Petit, qui depuis
longtemps dirige avec zèle et habileté l'excellent
chœur des demoiselles.

C'est dans cette campagne que l'école paroissiale
des filles reçut l'hospitalité lors de sa laïcisation
en 1885.

(1) État de contribution, 22 décembre 1737. Archives paroissiales, h, 1.

LESCAZE. — Depuis plus de trois cents ans, cette campagne est ainsi dénommée. Nous avons vu que lorsqu'en 1630, l'écuyer Jean d'Arène fit sa tournée aux Accates pendant la peste, il visita la bastide de Lescaze, dans laquelle il trouva sept personnes (1). Pendant la peste de 1720, un descendant de ce dernier, M. Lenoir de Lescaze, fut nommé commissaire du quartier de Saint-Marcel : il fut aussi adjoint du quartier des Accates et contribua par ses offrandes à la construction de l'église.

LE MÉNAGE. — C'est par ce nom que l'on désigne dans la paroisse la vaste propriété de M. Rouffio.

A la fin du dix-septième siècle, nous la trouvons en la possession de M. de Foresta-Collongue (2), qui y fit ériger une chapelle mortuaire sur laquelle était une plaque portant cette inscription :

†

LA PRÉSENTE
CHAPELLE AP
PARTIENT A M^r
DE FORESTA
COLLONGUE (3)

(1) Visite aux bastides du cartier de la Valantine, 1630. Archives communales, série H H.

(2) Rolle des familles du cartier des Accates, 1709. Archives communales, série H H.

(3) Cette inscription a été procurée à l'auteur par M. Louis Pellet, jardinier de la campagne Rouffio.

M. de Foresta était chevalier de Saint-Louis, administrateur de l'Œuvre de la Providence, commissaire général de la Petite Miséricorde de Saint-Martin, avocat et adjoint du quartier des Accates.

Après avoir été pendant un temps considérable en la possession de la famille de Foresta-Collongue, Le Ménage devint la propriété de M. Jean-Baptiste d'Izoard. Sa famille eut l'honneur de compter un cardinal parmi ses membres. M. Jean-Baptiste d'Izoard, qui par son mariage s'allia à la famille Paul, était avocat, échevin de la ville de Marseille, et directeur du Bureau Charitable. Aux Accates il fut fabricien. En 1818 il y fut parrain d'une cloche ; en 1819 il donna gracieusement une parcelle de terrain pour l'ancien cimetière. Le Ménage est de nos jours en la possession de la famille Rouffio.

Paulian. — Cette antique maison placée entre les Fenêtres-Rouges et la Chouquette, a pour propriétaire M. Pellet : c'est la famille Etienne Ricard qui l'habite. A la fin du XVIIIe siècle vivait dans cette demeure Jean Louis Bérenger dit Paulian, qui lui a donné son nom. C'était là que les habitants des Accates venaient, il y a cinquante ans environ, pour faire inscrire les naissances et les décès. Le bureau de l'Etat-civil était tenu à cette époque par M. Chabert.

Le Pupille. — Doit son nom à Bérenger, propriétaire aux Accates en 1730, et surnommé Pupille (1).

La Rouvière. — Cette vaste campagne possédée de nos jours par M. Félix de la Rouvière, rentier, était en 1630 la propriété de M. Jean Reynaud. L'écuyer Jean d'Arène qui la visita à cette époque y trouva huit personnes (2). La Rouvière eut ensuite pour propriétaire Louis Girard du Demaine, commissaire ordonnateur des guerres en Provence, et adjoint du quartier des Accates ; M. Jacques-Tropez Martin de Larouvière, contrôleur des contributions ; M. Nicolas-Tropez-Martial Martin de Larouvière, capitaine de frégate ; et M. Félix Martin de Larouvière, qui la possède actuellement.

Saint-Père. — Celui qui a donné son nom à cette habitation, que possède la famille Noël Samat, vivait vers l'an 1650. Il se nommait Honoré Chouquet. Il avait deux surnoms : le Saint-Père et le Long Piaron (3).

(1) Etat de contribution 22 décembre 1737. Archives paroissiales h, 1.

(2) Visite aux bastides du cartier de la Valantine, 1630. Archives communales, série H H.

(3) Archives de la ville. Série H H.

La Vidale. — Cette campagne appartient à la famille Margalhan. Elle tire son nom de Louis Bérenger dit Vidalle, qui vivait à l'époque de la construction de l'église. La Vidalle a eu pour propriétaires les familles Bérenger, Menjaud et Conte.

Faïsse-Vieille. — Propriété rurale entre le tournant du chemin des Accates, le chemin de Notre-Dame de la Salette, l'allée de lauriers conduisant à la Val-Louise, et le Bas-Vallon. Depuis la mort de M. H. Coste, Faïsse-Vieille appartient à la famille Lanteaume. M. Rouelle l'avait achetée en 1843 à M. J.-B. Roche.

Les Longues. — Pièce de terre située derrière l'écoles des filles. En 1835 M. Coste dit Paquetty la vendit à M. Fey. M. G. Nicolas en a fait l'acquisition en 1869. Elle appartient actuellement à la famille Lanteaume.

La Pichouline. — Propriété qui se trouve entre La Rouvière et le puits de Louard.

La Souffrène. — Pièce de terre située entre la Baume-des-Renards et La Rouvière.

Chapeau-Rouge. — Propriété enclavée dans le Bas-Vallon. C'est une partie de la prairie qui est entre Le Couinier et la maison de maître appelée le Bas-Vallon. En 1866 M. Gaspard Nicolas l'acheta à Augustin-Cassius Camoin, syndic des boulangers.

Le même nom de Chapeau-Rouge est aussi donné à la prairie qui part du chemin des Accates et va jusqu'au Galetas.

Le Mazet. — Dès que l'on entre dans le chemin de la Salette, on a à sa gauche une propriété située entre ce chemin, celui des Accates, l'Ecole des filles et La Cayole : c'est Le Mazet ainsi dénommé à cause de la famille de ce nom qui le possédait autrefois. Jusqu'en 1829, M. Jean-Louis Bérenger en a été le propriétaire ; à sa mort survenue en cette année là, M. Laurent-Antoine Foucault en a fait l'acquisition et l'a gardé jusqu'en 1857, époque où il l'a vendu à M. G. Nicolas. Le Mazet appartient de nos jours à Mme veuve Eiglier.

Le Haut-Vallon. — Claude Carbonnel le possédait en 1713. Pendant la grande Révolution il était la propriété de Jean-Joseph Carbonnel. La famille de ce dernier le vendit en 1820 à Romain-Simon Durbec qui le laissa à Joseph-Paul-Laurent Durbec. Celui-ci l'a vendu à M. G. Nicolas en 1866. Mme veuve H. Coste, qui en a hérité, l'a légué à sa mort à la famille Lanteaume.

Le Peyrourier. — Pièce de terre sans maison entre le Haut et le Bas-Vallon, à gauche du chemin conduisant des Accates à Notre-Dame de la Salette. MM. Cassius Camoin et Romain-Simon Durbec l'avaient acheté conjointement.

Le Bas-Vallon. — A l'époque de la Révolution, le Bas-Vallon était en la possession de J.-B. Carbonnel. Il a eu ensuite pour propriétaires, les sieurs Lieutaud, Paulian, Martin, Augustin - Cassius Camoin, G. Nicolas et Mme veuve H. Coste, qui y est morte le 13 mai 1899. Le Bas-Vallon est de nos jours possédé par la famille Lanteaume.

CHAPITRE II

LE VALLON DES FABRES

I

Origine des Fabres

Avant le quinzième siècle, le quartier des Fabres était désigné sous le nom de Vallon de la Clüe ou de Corporières. Dans les temps postérieurs et même au commencement du XIX⁰ siècle, les actes officiels continuent quelquefois à lui donner ces noms. Voici quelques actes dans lesquels nous les lisons : « *Item, Bertrandus Fabri recognovit quemdam vallonum appellatum de la Clua.* Le même Bertrand, fils de Fabre, a fait un acte de reconnaissance pour un vallon appelé de la Clue (1). » Dans un écrit de 1462 on trouve les deux noms pris pour désigner le même endroit : Corporières ou la Clüe, « *Corporières sive la Clue* (2). » Un acte de 1749 nous fait savoir que

(1) Archives de la préfecture, 25 avril 1455.
(2) Archives de la ville, série I I.

sieur Martin, prêtre, a vendu aux deux frères Abeille une propriété rurale située au quartier des Fabres ou Corporières (1).

Ces mêmes dénominations se retrouvent enfin dans un acte de 1820 du Bureau des hypothèques et dans un autre de 1840 de M⁰ Bérenger, notaire à La Ciotat. Mais c'est surtout avant la seconde moitié du quinzième siècle que ce quartier était appelé le vallon de la Clüe ou Corporières : depuis lors il fut en général désigné sous le nom des Fabres.

Avant l'arrivée de la famille Fabre au vallon de la Clue, c'est-à-dire avant le quinzième siècle, ce quartier n'était point cultivé (2). Sur les collines il y avait quelques vignes, il est vrai, comme l'indique un acte du 21 septembre 1335 dans il est dit qu'Aymé Veyrat, marchand, fit reconnaissance d'une vigne de seize quarterées et vingt-quatre dextres (3) ; mais c'était là une exception. Les terrains de Saint-Menet, de la Valentine, des Camoins, étaient en partie défrichés, tandis que ceux dont nous nous occupons étaient en

---

(1) Archives de Segond, notaire à Marseille ; archives de la ville, série I. I.

(2) Dans des temps très reculés, les Accates ainsi que les quartiers voisins étaient en partie sous l'eau ; ce n'était, paraît-il, qu'une succession de marécages. *Monographie de Saint-Marcel* par le marquis de Forbin d'Oppède, p. 6.

(3) Archives de la ville, deuxième volume des Reconnaissances par Bernard Garnier, folio 57.

général incultes, abandonnés (1). C'est alors, vers la
fin du quatorzième siècle, qu'une famille Fabre vint
s'y établir pour les cultiver. Tout porte à croire
qu'elle venait de Saint-Marcel. Cette famille, s'étant
multipliée, donna son nom à ce vallon. Dans les archives, mises gracieusement à notre disposition,
nous avons pu trouver sur les premiers habitants des
Fabres les détails suivants : Le premier Fabre dont
le souvenir se soit transmis jusqu'à nous se nommait
Pierre. Il vivait avant l'année 1400. Il avait deux fils
Jean et Estienne. En 1455, les héritiers de Jean, au
nombre desquels nous trouvons Bertrand Fabre, qui
a donné son nom au vallon, passent un bail à l'étude
du notaire Baucet (2). Dans cette convention il est dit
que ces héritiers de Jean Fabre possèdent six parts
sur huit de la moitié d'une maison, terres et bosques
à Corporières.

De leur côté, les héritiers d'Etienne Fabre, cousins
germains de ceux dont nous venons de parler, tien-
nent l'autre moitié et la huitième partie de la première moitié (3). Restait encore une huitième partie
des terres susdites : elle était en la possession d'un
Marseillais, François Turc. Antoine Fabre fait de

(1) *Précis des faits qui ont motivé l'arrêt du 30 juin 1755.* Archives paroissiales, III.

(2) Nouveau bail Baucet 1455, archives de la ville, série I. I.

(3) Archives de l'Evêché.

nouvelles acquisitions : le 9 juin de la même année 1455 il passe chez un notaire d'Aubagne un acte de reconnaissance pour la moitié d'une plâtrière sise à Corporières(1) ; et, deux ans après, en 1457, Bertrand Fabre passe chez le notaire Baucet, à Aubagne, un acte de reconnaissance pour l'autre moitié de la même plâtrière (2).

Il fait aussi l'acquisition d'un tènement de terre incultes et de bois ou pinèdes tout près de la baume Laugière (3). Cette baume, appelée aussi le Pous de Vallier, était à côté de Bernard Carransan, c'est-à-dire près de la Carransane. Elle joignait le vallat de Corporières (4), le vallat des Fabres et le chemin de Marseille aux Camoins. Bertrand Fabre ajoute ensuite à ses propriétés le vallon de la Clüe. Ces diverses acquisitions n'occasionnèrent pas aux premiers Fabres de très fortes dépenses. A cette époque là, le vallon de la Clüe, ainsi que les pays voisins, ne brillait pas par la richesse de ses cultures. Les Sarrasins, les Lombards et les Normands avaient

(1) Archives de la ville. Répertoire des divers actes notariés d'Aubagne : Baucet, série I I.

(2) Archives de la ville. Répertoire de divers aces notariés d'Aubagne : Baucet, série I I.

(3) *Bertrandus Fabri accaptavit quoddam tenementum terrarum, heremorum et boscarum prope Balmam Laugieram.* Archives de la ville, série I. I.

(4) Répertoire de divers actes notariés pour Saint-Marcel, de A à C. Archives de la ville, série 1 I.

dévasté la Provence : la crainte de les voir revenir dans nos contrées avait porté les habitants à abandonner les plaines. On ne voyait un peu de végétation que sur les montagnes, où les Provençaux, justement effrayés, s'étaient réfugiés ; partout ailleurs les bois, les marais et les bruyères couvraient la surface du sol (1).

Dans une centaine d'années, les premiers Fabres transformèrent le vallon de la Clue. Nous en trouvons la preuve dans l'acte de partage passé par les trois fils et héritiers d'Estienne Fabre, chez François Motet, notaire d'Aubagne, le 21 septembre 1545 (2). Par cet acte, les trois fils d'Etienne, savoir : Dominique (3), Roustan et Guillaume, se partagent entre eux la vigne et les terres situées à la Baume de Laugier et continuent à demeurer dans le vallon où a vécu leur père.

<hr>

(1) *Histoire de Provence* par A. Fabre, t. II, p. 21.
(2) Archives de la famille Fabre.
(3) On l'appelait aussi Doumergue.

II

Le Vallon des Fabres au XVIᵉ siècle

Au XVIᵉ siècle nous trouvons la famille Fabre fort à son aise dans les terrains qu'elle a défrichés et rendus productifs, nous la voyons également propriétaire dans le Vallon des Accates : c'est ce que nous apprennent les archives de la Mairie (1).

Grâce à cette estime des biens nous savons qu'il y a un peu plus de trois cents ans, le Vallon des Fabres comptait neuf familles possédant entre elles quatre-vingt trois quarterées de terres cultivées plantées d'arbres et de vignes d'une valeur de quinze cent soixante écus. Ces familles avaient pour chefs : Bertrand et Guillelme Fabre, Honorade Fabresse, Grégoire Artufeau, Bernard Fabre, Mathieu Olive, Jehan Bérengier, Jean-France Coste, Martin Fabre, Pierre Baille.

____

(1) Estime des biens faicte en 1595 sous Charles Ducazaulx et Louis d'Aix, consuls : Archives de la Ville, série D. D.

III

Le vallon des Fabres au XVIIe siècle

Lorsqu'en 1630 la peste jeta la consternation dans la ville de Marseille, le Vallon des Fabres, préservé des atteintes de la contagion, compta un certain nombre de réfugiés. Ce quartier reçut alors, comme les localités voisines, la visite de l'écuyer Jean d'Arène : c'est le procès-verbal de cette visite qui, en nous reportant à ces temps éloignés, nous fait connaître les propriétaires de cette époque, le nombre des personnes habitant leurs bastides, leurs provisions ainsi que les armes en leur possession.

Après avoir parcouru les bastides du Vallon des Accates, l'écuyer Jean d'Arène se rendit dans celles du Vallon des Fabres. Il consacra à ses perquisitions les journées des 4, 5 et 7 mars 1630. Dans les bastides appartenant à Thomas Fabre, François Vivaux, Jaumet Paul, François Fabre, Jean Paul dit Carden, Negreaux et Durand, il trouva quatre-vingt sept personnes, cinq arquebuzes, deux hallebardes, un pistolet, un baston ferré, une espée et des provizions pour sept mois (1)

(1) Visite de Jean d'Arène, 1630. Archives de la ville, série HH.

A l'exemple de leurs pères les habitants des Fabres
se livraient à la culture de la vigne. En 1655 ce
vallon produisit cinq cent cinquante-deux milléroles
de vin : c'est ce que constatèrent Nicolas de Gratian
et François Cailhol, qui par ordre des consuls allèrent
aux Fabres se rendre compte de la récolte du vin.
Cette années 1655 ne fut pas précisément une année
d'abondance puisque ces commissaires trouvèrent
vides des tonneaux pouvant contenir deux-cent
soixante et une milléroles. Il sera agréable au lecteur
de connaître les noms de ces vignerons du dix-
septième siècle :

Antonny Tarrasson ; Guilhelme Fabre ; François
Bistaigne ; Charles Cailhol ; Louis Camoings ;
François Bérenguier ; Anthonny Castelin ; Jehan
Durand ; Claude Brisson ; Marguerite Camoings ;
Louis Fabre ; Honnora Fabre ; Anthony Couest ;
François Fabre de Bertrand ; François Savines ;
Claude Fabre ; Balthazar Fabre. (1)

(1) **Archives** communales, Série HH. Roolle des cartiers que
Nicolas de Gratian et François Caihol ont été commis par MM. les
Consuls d'aller prendre la plein et le vuide du vin en 1655.

IV

Le Vallon des Fabres au XVIIIme siècle

Un rôle du XVIIIe siècle, trouvé dans les archives de la Mairie, nous fait connaître d'une manière exacte le nombre et le nom des habitants des Fabres à cette époque. Ce document a été écrit par messire Gusman, prêtre qui desservait alors le quartier des Accates ; il fait connaître les familles qui, aux Fabres, pétrissaient leur pain et celles qui l'achetaient. Sur huit familles qui en 1709 habitaient toujours ce Vallon, deux seulement, Amphoux et Savines, s'approvisionnaient de pain. Ceci nous prouve que tout en donnant leurs soins aux vignes, les habitants des Fabres ne négligeaient point la culture du blé.

Les huit familles dont se composaient les Fabres en 1709, avaient pour chefs : J.-B. Fabre, Antoine Fabre, autre J.-B. Fabre, François Amphoux, Pierre Fabre, Edouard Artufau, Antoine Savine. Ces familles comptaient quarante-trois personnes (1). Sur ces quarante-trois personnes qui résidaient alors aux Fabres pendant toute l'année,

(1) Rolle des familles du cartier des Accates, Fabres et Romans 1709. Archives de la Ville, série HH.

douze seulement achetaient du pain (1) ; c'étaient, comme nous l'avons dit plus haut, Amphoux, sa femme et ses huit enfants ; Savine et sa femme. Toutes les autres personnes, au nombre de trente et une, se nourrissaient du pain pétri de leurs mains.

En 1720, les Fabres furent visités par la peste qui y fit de nombreuses victimes. Pendant cette année désastreuse, tous les pays voisins furent contaminés : à la Valentine, il y eut cinquante-neuf décès ; à Saint-Menet, soixante-seize ; aux Camoins, soixante-deux (2). De tout le territoire. il n'y eut que les deux quartiers les plus éloignés, ceux de la Treille et de la Nerthe, qui furent préservés du fléau (3). Ce fut messire Gusman qui, au péril de sa vie, prodigua avec zèle les secours de la religion aux pestiférés des Fabres. A cette époque-là, il n'y avait pas encore d'église dans le quartier. Presque tous les fidèles de ce Vallon fréquentaient l'église des Camoins (4) ; c'est là aussi que plus tard, ils firent donner la sépulture à leurs morts, lorsqu'en 1777 les caveaux de

(1) Il y avait alors deux fours aux Fabres : un dans la maison possédée de nos jours par la famille Esprit Fabre et l'autre dans celle dont M. Perry est actuellement propriétaire.

(2) Dénombrement officiel des personnes mortes de la peste à Marseille et dans le territoire, en 1720. Archives de la Ville, 4ᵉ division, 15ᵐᵒ section.

(3) Histoire de la commune de Marseille par Méry. T. VI, p. CLXXVI·

(4) Précis des faits qui ont occasionné l'instance terminée par l'arrêt du 30 juin 1775. Archives paroissiales, ttt.

l'église des Accates furent fermés en vertu d'un édit royal.

Lorsqu'en 1736, il fut question de construire l'église actuelle, les habitants des Fabres s'empressèrent d'unir leurs instances à celles des habitants des Accates et des Romans pour obtenir promptement de l'Evêque de Marseille ce qui depuis fort longtemps faisait l'objet de leurs plus vifs désirs. Au nombre des signataires de la demande adressée à ce sujet à Mgr de Belsunce, nous voyons figurer : Camoin, Pierre Fabre, Jeanne Fabre, Bérengier, Antonie Bérengier, J.-B. Bérengier, Estienne Camoin, Claude Fabre. (1).

V

Le Vallon des Fabres au XIXe siècle
Les Quatre-Saisons

Les Fabres n'ont reçu aucune modification dans la première moitié du dix-neuvième siècle ; mais depuis lors, ils se sont considérablement agrandis du côté du midi, en donnant naissance aux Quatre-Saisons. C'est M. Louis Jayne, entrepreneur-maçon de la localité, qui a créé ce quartier. En 1867, il acheta le

(1) Requette A. n° 1, archives paroissiales.

terrain à la ville de Marseille ainsi qu'aux familles Fabre et Bérenger, et au mois de février 1868, il entreprit la construction de la première maison. Cette maison se trouve à la bifurcation du chemin d'Allauch et de celui des Camoins ; sur son enseigne on lit : Aux Quatre Saisons ; c'est cette dénomination qui a donné le nom à ce nouveau quartier. A la suite de cette première maison, M. Jayne en construisit cinq autres ; M. Vien fit bâtir celle qui est au delà du pont ; M. Comte fit construire la villa située sur le côté gauche du chemin d'Allauch, et dans le courant de l'année dernière, M. Jayne a doté ce quartier de la villa Montlouis que l'on voit du même côté. Les Quatre-Saisons se développeront considérablement dans un avenir plus ou moins rapproché, à cause de leur situation sur les bords du grand chemin d'Allauch.

C'est aux Quatre-Saisons que le Vallat de la Clüe et celui de Carpourières se réunissent pour former le grand Vallat qui, arrivé au pont, prend le nom de Gadelonne.

VI

Topographie et Statistique

Les Fabres sont étagés sur la gauche du chemin, dit d'Allauch, qui traverse les Quatre-Saisons du midi à l'est. « Au point de vue pittoresque, le hameau des Fabres, vu de quelque distance, est charmant, dit Saurel (1). Ses maisons assez bien groupées sur le penchant de la colline, derrière laquelle se trouvent les Accates, prennent un relief singulier de deux ou trois cyprès décharnés qui les avoisinent. » Ce quartier est à 10 kilomètres 835 mètres de Marseille. Il compte actuellement près de 70 habitants (21 familles), en y comprenant ceux des Quatre-Saisons, qui en dépendent. En 1878, il y en avait 50 ; et en 1847, pas plus de 43.

Jusqu'en 1844, il n'était point aisé de se rendre de Marseille aux Fabres, il fallait se servir du Grand Vallat comme d'un chemin ; les jours de pluie, toute communication avec ce quartier devenait impossible. La belle route qui y donne accès de nos jours ne date que de l'année 1844, on la désigne sous le nom de chemin de grande vicinalité ou de grande

(1) Saurel, *Dictionnaire des Bouches-du-Rhône*, t. II, p. 81.

communication de Saint-Louis à la Penne. Ce chemin mesure 5 kilomètres.

Dans ce vallon, tout près de la limite de notre commune et de celle d'Allauch, on remarque le beau pont de la Clüe. Ce pont, dont les arches ont chacune neuf mètres d'ouverture, mesure quatre-vingt-deux mètres de longueur et dix-huit de haut. Il a été construit en 1848, pour les eaux du canal.

La croix que l'on aperçoit sur la gauche des Quatre-Saisons a été plantée en 1875, à la suite du Jubilé. Le terrain sur lequel elle se trouve appartient à la famille Fabre.

Non loin de là, près de la maison Comte, on a découvert, en 1840, une certaine quantité d'ossements humains ; ces ossements provenaient probablement d'un tombeau de famille dont il ne reste plus de traces. On voit encore à droite et à gauche du chemin d'Allauch à La Casseiri de M. Casimir Fabre, ainsi qu'à Louard de MM. Mazet et Prosper Fabre, des vestiges d'antiques tuileries. Celle de Louard est surtout remarquable par son ancienneté. En faisant une effondrée on y a découvert des bassins, ainsi que tout ce qui était nécessaire pour la fabrication des tuiles. On y a découvert aussi un aqueduc conduisant les eaux de la source de Barbaraou jusqu'à cet endroit. Cet aqueduc et ces bassins étaient fort anciens, nous en trouvons la preuve dans le fait suivant : En 1819, on arracha de là un olivier mort de vieillesse (les oliviers vivent très longtemps) ; cet arbre était excessivement gros et avait produit plusieurs rejetons. Les ouvriers chargés de cette extraction creusèrent assez profondément à l'endroit même d'où ils avaient enlevé ce colosse ; ils trouvèrent alors une jarre remplie du limon dont on se servait dans la tuilerie. Cette jarre, au-dessus de laquelle était une couche de terre tellement épaisse qu'un olivier avait pu y être planté, s'y développer et y vivre jusqu'à une extrême vieillesse, est un indice de l'ancienneté de cette tuilerie et de çet aqueduc.

A deux cents mètres environ au-delà du pont de la Clüe, sur le flanc de la colline qui borde sur sa gauche la route d'Allauch, on voit une carrière de pierres à bâtir. Cette carrière appartient à M. Paulin Grosson.

VII

Le Vallon de la Clüe. Ses Campagnes

Sur la rive droite du vallat de la Clüe, on voit, à la suite de la forêt, de nombreuses campagnes et bastides dont il a déjà été question dans les chapitres relatifs aux Accates. Sur la rive gauche se trouvent

« les Abeilles » avec leur pin gigantesque. Cette campagne, qui était autrefois dénommée « la Bastide », domine la colline séparant le quartier des Accates de celui des Camoins ; elle appartient depuis très longtemps aux membres de la famille Camoin.

La Grossone. — Cette propriété de M. Paulin Grosson est la campagne la plus rapprochée du pont de la Clüe, elle est d'une étendue très considérable. Elle a été possédée et visitée par des personnages illustres, aïeux du propriétaire actuel. Les archives de cette respectable famille nous les feront connaître. Voici, au reste, ce que nous lisons dans une requête adressée au Roi Louis XVI, en faveur de Pierre-Barthélemy Grosson, possesseur de la Grossone en 1780 :

« Maître Pierre-Barthélemy Grosson, conseiller et avocat du Roi en la sénéchaussée de Marseille, peut joindre à ses services des actions et des titres honorables à ses ancêtres. Jeanon Grosson fut un des citoyens de Marseille qui prirent les armes pour la défense de la Ville lors du siège (fait au commencement du XVIe siècle), par Charles de Bourbon Monpensier et le marquis de Pescaïre, généraux de l'empereur Charles-Quint.

« Manon Grosson fut convoqué comme notable citoyen, le 10 janvier 1563, au Conseil tenu pour conserver la ville de Marseille dans l'obéissance au roi Charles IX.

« Le 25 décembre 1596, après la reddition de Marseille au roi Henri IV, il fut tenu un Conseil municipal en présence du seigneur gouverneur de la province, lors duquel Laurent Grosson fut élu capitaine de quartier et conseiller de ville.

« Le 20 décembre 1620, Bernard Grosson fut élu conseiller de ville, et le 28, il fut élu intendant de la guerre, fut de l'assemblée tenue à l'occasion de l'entrée du roi Louis XIII à Marseille, et fut l'un des capitaines nommés pour aller à la rencontre de Sa Majesté.

« Maître Pierre-Barthélemy Grosson est le frère de Bernard Grosson, auteur de l'ouvrage intitulé : *Recueil des Antiquités et Monuments Marseillais*. Le fils de Bernard est chevalier de Truc et colonel de la garde royale.

« Pierre-Barthélemy Grosson a deux enfants, l'aîné André-Gautier a été pendant de longues années juge à la sénéchaussée de Marseille, et le cadet Marie–Prosper–Xavier–Adolphe est écuyer de Marseille et membre du collège électoral. »

M. Pierre-Barthélemy Grosson était aussi directeur de l'Œuvre des Repenties et du Bureau charitable.

Sur la droite du chemin d'Allauch, en allant du pont de la Clüe aux Quatre-Saisons, se trouvent quelques propriétés rurales dont les noms doivent être sauvés de l'oubli. Il serait bien difficile de les indiquer toutes. Voici celles sur lesquelles nous avons eu quelques renseignements :

La Gaude. — Propriété de J.-B. Camoin, va du chemin d'Allauch jusqu'à la maison possédée par Mme veuve Durbec, des Camoins, et habitée actuellement par la famille Vacance.

Les Pibles. — Propriété Long, va du chemin d'Allauch aux Fenêtres-Rouges.

Les Fabres. — Autrefois à M. Joseph-Sébastien Camoin, de nos jours à M. Paulin Grosson, cette propriété est située entre la Gaude et l'Escarbouzière.

La Basse-Clue, dont le propriétaire était autrefois M. Louis Fabre, boulanger, est possédée par la famille Barthélemy Durbec. Du pont de la Clüe elle va jusqu'à la traverse de la Vidalle.

Louard. — Propriété appartenant aux familles Mazet et Fabre. Elle est bornée à l'Est par le chemin d'Allauch et est traversée par la Chaîne.

BASTIAN. — Prairie qui s'étend du chemin d'Allauch jusqu'au ruisseau de Pichounino.

CO-DE-BON. — Propriété de la famille Mazet, va du chemin d'Allauch jusqu'aux Fenêtres-Rouges.

BASSET. — Appartient à M. Martin de la Rouvière. Cette pièce de terre est située entre le chemin d'Allauch, la Vidalle et la propriété de M. Barthélemy Durbec.

LA CHAINE. — Propriété appartenant à M. Martin de la Rouvière ; elle est située entre le chemin d'Allauch et les propriétés Fabre et Mazet. Cette pièce de terre est ainsi dénommée parce qu'autrefois son entrée était fermée par une chaîne.

LE BOU DE ROMAN. — Colline possédée en partie par M. Rouffio et en partie par M. Esprit Fabre, entre la Giraude et le bois de M. Grosson. En 1818, M. d'Isoard l'avait achetée à P. Fabre, dit *le Grava*.

LA MALLAVALLE. — Ancienne maison située au nord-ouest des Fabres et habitée pendant quelque temps par la famille Vacance.

En 1818, Pierre Fabre, dit *le Grava*, la vendit à M. d'Isoard.

Elle appartient actuellement à la famille Aillaud.

Sur la gauche du chemin d'Allauch en allant vers les Quatre-Saisons, se trouve la Méringue, prairie appartenant à M. Michel Bernard.

CHAPITRE III

LE VALLON DES ROMANS

I

Origine des Romans

Cogordan, Extraluc, Petite Clüe, tels étaient les noms que portait le vallon des Romans avant le seizième siècle. Ces divers noms se trouvent dans les actes notariés antérieurs à cette époque (1).

Le quartier des Romans est ainsi désigné sous le nom d'Extraluc, Cogordan et Petite Clüe dans bien des actes officiels datés du quinzième siècle. Quelle était la raison de ces diverses dénominations ? Le vallon qui devait être plus tard appelé les Romans était, avant l'année 1600, nommé Extraluc, c'est-à-dire en dehors des lumières, parce qu'il était placé dans le voisinage de plusieurs phares lumineux ou

(1) Notaire Baucet, 1465. Archives de la ville, série II.

farots qui se trouvaient à cette époque dans le bois de la Vieille ainsi que nous le verrons bientôt.

Cogordan, autre dénomination, était probablement le nom d'un berger qui avait en cet endroit sa bergerie, son jas : Le Jas de Cogordan.

Petite Clüe vient de ce que ce vallon fait suite à celui de la Clüe dans la direction de l'est à l'ouest. Ce quartier était ainsi appelé lorsque la famille Roman vint s'y établir : c'était au commencement du quinzième siècle.

Le premier Roman dont les archives font mention est Antoine Roman de Saint-Julien (1) ; en 1465, il était déjà mort. Il est à présumer qu'Antoine est la souche de la nombreuse famille des Romans qui depuis quatre cent cinquante ans habite toujours la même localité.

Voici ce que trouva et ce que fit la famille Roman lors de son arrivée. Elle trouva des terrains incultes (2) bien différents de ceux que l'on devait y voir plus tard. Elle ne fut pas d'abord propriétaire : ce ne fut qu'au siècle suivant qu'elle le devint.

A la mort d'Antoine Roman, ses fils se rendirent à Aubagne en 1465 chez le notaire Baucet et y passè-

(1) Archives du notaire Beaucet, 1465.

(2) Précis des faits qui ont motivé l'arrêt du 30 juin 1775. Archives paroissiales.

rent un bail pour une bastide et son affar (1). Nous ne tarderons pas à les voir retourner chez le notaire, non plus pour un bail, mais bien pour un contrat de vente. Quelques années après, en effet, cette famille achète à Allauch, tout près de chez elle, un terrain pour sa sépulture. Cet emplacement était sur les bords du chemin vicinal n° 7, à côté de la chapelle de Saint-Jean-Baptiste ; il était voisin d'une autre tombe qui servait à l'ensevelissement des ermites (2).

Malgré le mauvais état dans lequel il se trouvait, ce vallon comptait cependant un certain nombre de propriétaires assez riches pour faire bien entretenir leurs champs. Les contemporains de la première famille Roman étaient : Jean Perrone, Jean Raymon, Antoine Perrone et Mathieu Flavie, qui en 1486 fait un acte de reconnaissance pour un affar de terres qu'Antoine Perrone lui vend à Extraluc ou Cogordan. Les confronts de cet affar sont : le territoire d'Allauch, la terre de Pierre Fabre et celle de noble Jacques de Forbin (3).

(1) Archives du notaire Baucet.
(2) Saurel, *Dictionnaire des Bouches-du-Rhône*, tome II, page 220.
(3) Archives de la ville. Répertoire de divers actes notariés d'Aubagne. Baucet, série II.

II

Le Vallon des Romans au XVIme siècle

Antoine Roman avait plusieurs fils. Les archives ne nous ont conservé que le nom de François, l'un d'entre eux. Après le décès de son père, François établit une métairie à la place du Jas de Cogordan (1) et laissa à sa mort son héritage à ses fils Dominique et Clément Roman (2). Grâce à leurs travaux, à leur esprit d'ordre et d'économie, les Romans firent de nombreuses acquisitions, et lorsque, en l'année 1595, sous Charles Ducazaulx et Louis d'Aix, consuls, on procéda à l'estime des biens, on put constater combien les propriétés de cette famille étaient nombreuses.

D'après cette estime, moins de deux siècles après leur arrivée dans leur résidence, les Romans qui avaient alors pour chefs de famille Jean, Domergue, Clément, Jaumet, Martein et Peiron, possédaient déjà cent quatre-vingt quatre carterées, estimées deux mille trois cent vingt-cinq écus (3). Ce ne dut

(1) Notaire Mortet, 1557. Archives de la Ville, série II.
(2) Registre paroissial. 9 octobre 1596, p. 4.
(3) Estime des biens faite en 1595. Archives communales, série DD.

pas être sans peine qu'ils purent réaliser ces économies en travaillant dans des terrains jusqu'alors incultes et abandonnés, privés d'eau et de moyens de communications.

III

Le Vallon des Romans au XVIIme siècle

Y eut-il des réfugiés aux Romans pendant la peste de 1630 ? Rien ne le prouve ; néanmoins, Jean d'Arène, écuyer, commissaire de la Valentine et de ses environs pendant la peste, alla par ordre des consuls faire sa visite domiciliaire dans ce vallon comme dans les autres.

Ce fut le 4 mars 1630 qu'il s'acquitta de cette mission.

« De sa bastide proche la Vallantine, Jean d'Arène s'achemina vers les Romans pour prendre le roolle des personnes, provisions et armes qui y étaient. »

Dans ces bastides appartenant à Jaumet Roman, Peiron Roman, Domergue Roman, François Ricard, Mathieu Vallentin, François Roman, Jaumet Camoin, Bodier, Lanier, Jean Calhol, François Rabien et Anthoine Michel, il trouva soixante neuf personnes, assez peu de provisions, huit arquebuses, deux épées, trois mousquets, une arme daste et un bâton ferré (1).

Les habitants des Romans s'adonnèrent surtout à la culture de la vigne, et leur vin de coteau était fort recherché.

En l'année 1655, Bournadays, Camoins, François, Blaise, Michel, Andrieu, Jehan et un autre Andrieu, tous appartenant à la famille Roman, en eurent 297 milléroles (2)

En l'année 1677 ils en récoltèrent cinq cent quarante milléroles.

Il y avait alors pour propriétaires : Claude Roman, André Roman, Antoine Roman, Nicolas Roman, J.-B. Michel, Michel Roman, Blaise Roman, Lange Borelly dit le *Flutaïre*, Barthélemy Baudoin, André Roman dit le Long, Louis Rey (3).

Un autre contrôle fait vingt ans après ce dernier accuse une diminution assez sensible dans la production du vin. Dans son rapport de sa visite aux Romans, le commis Espanet déclare n'y avoir trouvé que 311 milléroles. Ceux chez lesquels il se rendit

(1) Roolle des persones, provizions et armes du cartier de la Valantine, 1630. Archives communales, série HH.

(2) Rolle des cartiers que Nicolas de Gratian et François Cailhol ont été commis par MM. les consuls d'aller prendre le plain et le vuide en 1655. Archives de la Ville, série HH.

(3) Etat et estime de ce que les propriétaires des Romans peuvent recueillir de vin pour servir à faire les billettes. Année 1677. Archives de la Ville, série HH.

furent : André Jaubert, Anthoine Deluy, Elisabeth Delestrade, M. de Saint-Jacques, François Caïol dit Troignon, Francois Ollivier, M. de Malignon, François Mabilly, Gras, Clair Roman, Pierre Roman dit le Long, Anthony Roman, Claude Roman, Anne Domenge veuve Chouquet, Langy Bourrely, Nicolas Roman, Jacques Baudoin (1).

IV

Le Vallon des Romans au XVIIIe siècle.

Au commencement du dix-huitième siècle, en l'année 1709, les Romans comptaient quinze familles, comprenant cinquante-sept personnes. Ne trouvant pas assez d'occupation dans les biens ou bastides qu'ils y possédaient, les hommes de ce vallon allaient faire des journées ailleurs. Sur douze chefs de famille, six étaient journaliers. Lorsqu'ils n'allaient pas dans les campagnes des autres, ils travaillaient à leurs vignes, mais ne s'occupaient pas beaucoup du blé. Tandis qu'au Vallon des Accates, sur cent quarante habitants, cent vingt-sept pétrissaient leur pain, et treize seulement l'achetaient, aux Romans,

---

(1) Visite faicte au Caveau et à son département, 9 décembre 1698. Archives de la Ville, série HH.

au contraire, sur cinquante-sept habitants, trente-six l'achetaient, et vingt-un seulement le pétrissaient.

Pétrissaient le pain pour leur famille :

François Roman, André Roman, Jacques Roman, Anne Domergue, Pierre Roman, Joseph Roman.

Achetaient leur pain :

Antoine Roman, Anne Raymonenque, Ange Roman, Joseph Roman, Glode Roman, Michel Roman, Langi Bourrelly, autre Antoine Roman (1).

André Gusman, « prestre desservant le cartier des Accates, ne faisant aucune queste, il est obligé danvoyer prendre du pain en ville » ; il l'achète (2). C'est à messire Gusman lui-même ainsi qu'à M. de Foresta-Collongue que nous devons ce rôle intéressant sur les familles des Romans en 1709. C'est ce même prêtre, messire Gusman, qui, quelques années après, en 1720, lorsque la peste exerça ses cruels ravages dans ce vallon comme dans tous les autres endroits du territoire de Marseille, prodigua aux fidèles des Romans les secours de la religion ainsi que les consolations dont ils avaient besoin dans ce temps de calamité. Bien qu'ils eussent auprès d'eux le prêtre desservant le quartier, « les habitants de sur le Valon des Romans se pour-

---

(1) Visite faicte au Caveau et son département les 9 et 10 décembre 1698. Archives de la ville, série HH.

(2) Archives communales, série HH.

voïaient à l'église de La Valentine (1) ». Pourquoi ne fréquentaient-ils pas la chapelle de M. de Foresta ? Parce qu'elle était tellement exiguë que même les habitants du Vallon des Accates ne pouvaient pas tous y trouver place (2). Nous ne sommes donc pas étonnés de voir les Romans unir en 1736 leurs instances à celles des Accates et des Fabres pour demander la construction d'une église. La requête adressée dans ce but à Monseigneur de Belsunce, évêque de Marseille, fut couverte de signatures. Parmi elles, on remarque entre autres : André Rouman, Syprien Rouman, Michel Rouman, Jacques Rouman, Lange Rouman, Joseph Rouman, Estienne Camoin, (un autre) Joseph Rouman, Jean-Baptiste Rouman (3).

A partir de l'année 1737, les habitants des Romans fréquentèrent avec assiduité l'église des Accates, à l'entretien de laquelle ils contribuèrent fidèlement. Ceux d'entre eux qui ne possédaient pas de tombeau firent inhumer leurs défunts dans les caveaux de l'église jusqu'en 1777, époque où, en vertu d'un édit royal, les inhumations dans le lieu saint furent interdites. Ils eurent alors recours au cimetière de La Valentine jusqu'en 1819.

(1) Précis des faits qui ont donné occasion à l'instance terminée le 30 juin 1775. Archives paroissiales.
(2) Requette A, n° 1. Archives paroissiales.
(3) Requette A, n° 1, Archives paroissiales.

Pendant les jours néfastes de la grande Révolution, le Vallon des Romans ne fut point épargné. En 1792, les maisons de ses paisibles habitants furent perquisitionnées par la fameuse bande des pillards. Ces malfaiteurs parvinrent à s'emparer par les menaces et la violence des bijoux précieux et de l'argent que possédaient la plupart d'entre eux. Parmi les propriétaires de cette époque il y avait Louis Chailan, Louis Chouquet, époux d'Anne Augias, Jean-Joseph Olive et plusieurs Roman.

V

Le vallon des Romans au XIXᶜ siècle

Depuis le commencement du dix-neuvième siècle jusqu'en 1876, les Romans ont été possédés en plus ou moins grande partie par MM. Olive, Cyprien Languille, Christophe Chauméry, Thérèse Camoin, Pascal Michel, Rouelley, Faure, Tisté Bérenger, Guien, Héraud, Roman, Jean-Pierre Bérenger, J.-B. Fabre dit Poudrant, J.-B. Colomb, Jacques Roman, C. Bérenger, Delestrade, Jeanet Durbec, Bremond-Caillol, Blanchard Jean, Porry, vérificateur des douanes, Fortoul, Romain Artufel, Durbec dit Romain, Joseph Roman dit Tey, Gilly, Christophe-Balthazard Fabre et par plusieurs autres.

Quelques années après la guerre franco-allemande, M. Gaspard Nicolas acheta aux propriétaires de cette époque ce qu'ils y possédaient, et en 1876 toutes les habitations ainsi que tous les terrains de ce vallon étaient à lui ; il n'y eut qu'une exception pour La Marbrière et la propriété de M. Cristophe Roman. Dès lors ce quartier fut complètement transformé. Ses vieilles maisons furent mises en bon état, ses terrains montagneux consolidés par des murs de soutènement, et plusieurs de ses sentiers changés en belles routes. Pour l'exécution de ces divers travaux, M. Gaspard Nicolas employa pendant une vingtaine d'années et d'une manière continuelle plus de vingt hommes des Accates : la dépense que lui occasionnèrent ces sortes de travaux s'éleva environ à la somme fabuleuse de quatre cent mille francs. Le regretté M. Louis Mazet, gérant des propriétés Nicolas pendant une trentaine d'années, fit exécuter dans ces terrains des Romans les travaux d'irrigation et de terrassement d'une manière tellement satisfaisante qu'en 1876 le ministre de l'agriculture lui décerna une médaille d'argent.

De nos jours, Les Romans, qui appartiennent à Mme veuve Eiglier-Nicolas (sauf La Marbrière et la propriété Cristophe Roman), sont tous occupés pendant la belle saison par des Marseillais heureux de respirer l'air pur de la campagne et de goûter les douceurs de la solitude.

Trois familles seulement ont pendant toute l'année leur résidence aux Romans : ce sont les familles Pons, Roman et Samat.

VI

Le chemin de Notre-Dame de la Salette : Ce que l'on rencontre en le suivant.

C'est M. Gaspard Nicolas qui a fait faire le beau chemin reliant les Accates à Notre-Dame de la Salette. A son point de départ, on voit une croix en bois. Elle est même au point de bifurcation de Notre-Dame de la Salette et des Accates. Cette croix fut érigée en cet endroit en 1825 comme souvenir du Jubilé qui fut prêché cette année-là.

La Marbrière. — Au dessus du Haut-Vallon on voit la carrière de marbre qui est dans la propriété de Mlle Nègre. Ce marbre est rouge et connu sous le nom de marbre Brèche-Portor.

La Chapelle de Saint-François. — A côté même de la Marbrière, dans les propriétés Nicolas, à l'endroit dit « Le Grillet », s'élève la petite chapelle de saint François-Xavier, complètement délaissée de nos jours.

M. Gaspard Nicolas ayant perdu son frère unique M. François, voulut en perpétuer le souvenir par une chapelle érigée en l'honneur de son patron saint François-Xavier, qui était aussi le patron de son intime ami feu François Mazet. A la mort de M. Gaspard Nicolas (26 avril 1877), cette chapelle était encore en construction : ce fut Mme H. Coste qui la fit terminer en 1879. M. le chanoine Faure, curé des Accates, a procédé à sa bénédiction ainsi qu'à celle de la statue de saint François-Xavier, le 3 décembre 1879, en présence de Mme H. Coste, de Mlle Catherine Nicolas (actuellement Mme veuve Eiglier), de M. Jean-Pierre Faure, de M. Drôme et de M. Louis Mazet. Cette chapelle a cinq mètres de longueur, trois de largeur et six de hauteur. Son petit autel en marbre est surmonté d'une niche dans laquelle il y a la statue de saint François-Xavier. Le vitrail qui est au-dessus de la niche représente Notre-Dame de la Salette. Son portail en forme circulaire est fort remarquable. (1).

Arrivé à la bifurcation des Romans et du chemin de Notre-Dame de la Salette, le pèlerin salue une

(1) Registre paroissial, page 13.

jolie petite croix en fer qui paraît fort ancienne. A quelle époque a-t-elle été plantée ? il nous a été impossible de le savoir. Les personnes les plus âgées de la paroisse, et en particulier Madame veuve Roux, du Haut-Vallon, presque nonagénaire, affirment l'avoir toujours vue.

Une autre croix beaucoup plus grande que celle des Romans surmonte la colline des Treize-Vents, tout près du Sanctuaire de Notre-Dame de la Salette. Elle rappelle la mission de 1865, dont elle porte la date.

Au delà de la chapelle, du côté opposé à celui où est la croix de Mission, on remarque une petite borne avec ces mots : Concession des Accates B. Elle indique l'existence d'une soufrière exploitée depuis très peu de temps.

VII

Le Sanctuaire de Notre-Dame de la Salette

A la vue de la belle chapelle construite sur la colline des Treize-Vents par la piété de M. G. Nicolas, en l'honneur de Notre-Dame de la Salette, bien des pèlerins se demandent le motif qui a porté le saint fondateur à ériger ce sanctuaire vénéré.

Le voici en deux mots : M. G. Nicolas, ayant été
guéri miraculeusement par Notre-Dame de la Salette
d'une maladie reconnue incurable, fit construire cette
chapelle en témoignage de sa reconnaissance à la
T. S. Vierge : ce premier sanctuaire fut béni et livré
au culte en 1865.

L'affluence des pèlerins devenant de jour en jour
plus considérable, et la chapelle primitive étant
insuffisante pour les contenir, malgré son agran-
dissement, M. Gaspard Nicolas résolut de la raser
et de la remplacer par une grande chapelle à trois
nefs construite sur le modèle du sanctuaire de la
Grande Salette. C'est ce qu'il fit (1). Ce beau mo-
nument fut élevé d'après les dessins de M. l'abbé
Pougnet, architecte. Il est du style byzantin ; chacune de ses nefs se termine par un autel surmonté
d'une statue de Notre-Dame de la Salette ; sur
l'autel majeur l'Assomption ; sur celui qui est à
droite du côté de l'évangile, la Vierge pleurante ; et
sur l'autre la Vierge avec les deux enfants ; il a à
son extrémité au-dessus du tambour une tribune où
est placée l'orgue ; et dans le sanctuaire deux autres
tribunes très élégantes réservées aux parents du
pieux fondateur. Sa façade est formée d'un grand
portail défendu par deux tours carrées, et surmonté

(1) La cloche de la chapelle primitive est à la Cayolle.

d'une grande statue en bronze de Notre-Dame de la Salette. Un magnifique chemin de croix ainsi que de nombreux vitraux représentant les saints protecteurs de la famille Nicolas décorent richement les nefs latérales. Des centaines d'ex-voto rappellent les guérisons multiples obtenues dans ce béni sanctuaire.

Les travaux furent exécutés assez lestement, et les premiers jours d'octobre 1872 la nouvelle chapelle fut inaugurée par une neuvaine que prêcha M. l'abbé Ollivier, alors vicaire à Saint-Martin. Le jour de l'ouverture fut marqué par un incident grotesque : ce jour-là un adjoint et un agent de police mirent opposition aux pieux exercices, sous prétexte qu'on n'avait pas fait constater administrativement la solidité de l'édifice. Cette difficulté fut enlevée le lendemain par M. Espérandieu, inspecteur architecte de la ville de Marseille, et la neuvaine se continua avec un grand concours de fidèles. Le 5 octobre, Monseigneur Place, évêque de Marseille, procéda à la bénédiction du nouveau sanctuaire et l'année suivante le déclara lieu de pèlerinage diocésain (1). Pendant une vingtaine d'années, et surtout à l'époque où la paroisse des

(1) En 1879, Monseigneur Robert y confirma les enfants de la paroisse.

Accates avait pour curé M. le chanoine Faure, les pèlerinages ont afflué sur la colline d'une manière étonnante. Bien rares sont les paroisses de Marseille ou les Communautés religieuses qui n'y sont pas venues payer leur tribut de vénération et d'amour à Notre-Dame de la Salette. La foule était quelquefois si compacte, surtout en septembre, que la vaste chapelle pouvait contenir à peine la moitié des pèlerins. Aussi bien est-il arrivé que M. G. Nicolas, ne pouvant entrer dans l'enceinte, se contentait de verser des larmes de joie à la porte, et que l'on était obligé de donner la bénédiction à l'autel pour les pèlerins qui étaient dans la chapelle, et une seconde fois sur la porte pour ceux qui n'avaient pu trouver place dans l'intérieur. Les processions sur la montagne se développaient d'une manière admirable avec une assistance considérable animée des sentiments de la foi la plus vive et de la piété la plus ardente.

Après la procession, le discours du prédicateur, sur la montagne en plein air, était écouté avec la plus grande attention, et couronné par des vivats multiples à la gloire de Notre-Dame de la Salette qui avait manifesté sa satisfaction par des prodiges opérés par sa toute-puissante intercession.

Il est à désirer de voir ressusciter la première ardeur qui portait les fidèles vers le sanctuaire de

Notre-Dame de la Salette, car depuis une dizaine
d'années les pèlerinages sur la sainte colline tendent
à diminuer de plus en plus.

VIII

La forêt de la Vieille ou Fondvieille (1)

La Serrière, qui traverse ce bois, sert de limite aux
communes de Marseille et d'Allauch. Il est intéressant de connaître l'étymologie de ce nom : la Vieille.
La voici telle que nous la donnent Mortreuil et Saurel (2). La Vieille dérive du mot latin *vigilia,* vigie.
Dans l'ancien temps on avait établi un vaste système
de farots qui entouraient tout le territoire de Marseille
aussi bien du côté des territoires circonvoisins que
du côté de la mer. Comme des hauteurs de la
Vieille la vue s'étendait fort au loin, car les pins y
étaient fort rares à cette époque, on profita de cette
altitude élevée pour y placer trois postes d'observa-
tion, autrement dit trois farots, trois phares. Ces
trois lumières différentes ont donné leur nom aux trois
endroits où on les remarquait : il y avait la Gâche de

(1) Dans les actes officiels cette forêt est indifféremment appelée
la Vieille ou Fondvieille.
(2) Saurel, *Dictionnaire des Bouches-du-Rhône*, t. II, p.205.

Faucon, qui signifie guet (1) ; la Vieille, qui signifie vigie, et les Trois Lucs ou trois lumières.

Autrefois et même au siècle dernier, la Vieille, bien loin d'être un bois, était une campagne très productive ayant un certain nombre de fermiers.

Des deux côtés du chemin qui traverse la Vieille en se dirigeant vers les Olives, le touriste aperçoit des ruines au milieu desquelles ont poussé de grands pins. Ce sont les restes d'une antique ferme de la Vieille bâtie en partie sur la commune d'Allauch et en partie sur celle de Marseille. Jadis les contrebandiers d'Allauch et des pays voisins avaient choisi ces ruines pour leur trafic (2).

Tout près de là sont les ruines d'un ancien cabaret où bon nombre de travailleurs allaient le dimanche perdre au jeu l'argent qu'ils avaient gagné par leur travail pendant la semaine. Ce cabaret fut fermé par ordre de la police.

(1) La Gâche est à droite des ruines du Frisat, dans la forêt Vivian.

(2) Saurel. *Dictionnaire des Bouches-du-Rhône*, t. II, p. 206.

IX

Le Château de la Reine Jeanne, Les Vaudrans, Cabrile, Le Frisat, Féraud, La Tourache, Propriété Vivian, etc.

LE CHATEAU DE LA REINE JEANNE. — A l'ouest des Romans subsistent encore des ruines d'une antique habitation dite le château de la reine Jeanne. D'aucuns prétendent que la reine Jeanne habitait ce soi-disant palais. Ni l'histoire de la Provence, ni les archives ne peuvent étayer cette assertion. Il suffit d'ailleurs de visiter ces ruines pour voir qu'elles occupent à peine l'emplacement d'une petite masure ; rien en elles ne fait supposer qu'elles soient les restes d'un château, et encore moins d'une demeure royale. La reine Jeanne avait certainement un droit de souveraineté sur les Romans et sur toutes ces contrées, c'est incontestable, mais cela ne prouve point que ces ruines aient appartenu à un château princier.

Voici d'après Saurel la tradition relative à la reine Jeanne. Dans la masure dont il est question vivait un berger. Lorsque la reine Jeanne arriva à Marseille pour la première fois, ce berger fut délégué vers elle pour lui faire don de deux agneaux. La reine fut tellement satisfaite de cet hommage qu'elle exempta tous les bergers des Romans du droit de gabelle et autorisa la création d'une carraire pour que les dits bergers pussent sans entrave conduire leurs troupeaux s'abreuver à l'Huveaune (1). Le nom véritable de ces ruines est *Castèu-Rout*.

LES VAUDRANS. — A l'ouest des Romans sont les Vaudrans, possédés par M. Jouvin. Ce vallon fertile et admirablement bien cultivé est clôturé sans interruption par un mur de six kilomètres. Parmi les habitations renfermées dans cette enceinte, il en est une qui appartient à la paroisse des Accates; c'est celle dite: la maison du garde. Cette demeure, qui est une ancienne ferme des Vaudrans, est ainsi appelée parce qu'autrefois y résidait un gardien de la propriété Jouvin, le sieur Chalon, inhumé dans le cimetière des Accates. Ce vallon est ainsi nommé parce qu'il appartenait autrefois à la famille Vaudran.

CABRILE. — Petite ferme à l'est de Notre-Dame de la Salette et tout à fait dans son voisinage. M. Gaspard Nicolas en fit l'acquisition ; M. Coste l'eut par voie de succession ; et elle appartient de nos jours à M. Eugène Nicolas, qui possède aussi la Giraude,

(1) Saurel, *loco citato.*

qui est près de là. Cette ferme tire son de M. Cabrile (1), un de ses anciens propriétaires.

La Giraude fut achetée par M. G. Nicolas à Mme Gabriel Durbec née Marie Bérenger. Elle se compose de trois parcelles contiguës appelées Le Fond, Le Ribas et la colline. Louis Bérenger, père de la venderesse, avait acquis cette propriété en 1817 des trois frères Dominique, Lazare et J.-B. Giraud, qui lui ont laissé leur nom.

LE FRISAT. — Ruines d'une ancienne habitation dans laquelle vivait à l'époque de la Révolution Joseph Roman dit Frizat, son propriétaire (2). Ces ruines sont entre le sanctuaire de Notre-Dame de la Salette et La Serrière. Joseph Roman dit Frizat est mort en 1845.

FÉRAUD. — C'est le vallon qui se trouve entre la Tourache et Cabrile. Ce vallon, au milieu duquel est une maison en ruines, était autrefois tout complanté en vignes et en arbres fruitiers. Actuellement il n'y a plus que des pins.

LA TOURACHE. — La Tourache, appelée aussi Menpenti, propriété de M. Lucien Soulagne, est

---

(1) On se souvient encore aux Accates du discours que fit M. Cabrile à Mgr Cruice lors de sa visite au cercle Saint-Christophe.
(2) Archives de la paroisse.

située au nord-est de Notre-Dame de la Salette, en
pleine forêt. C'est la dernière campagne des Accates
du côté d'Allauch. Sa tour carrée et rougeâtre donne
à cette campagne un cachet d'originalité.

CAMPAGNE VIVIAN. — Sur le terrain qu'il a acheté
en 1866 à MM. Camoin, ainsi qu'à Mme Marguerite
Bérenger née Roman, M. Jean-Médard Vivian a
construit une belle maison de campagne qui a le
double avantage d'offrir les charmes de la solitude
et d'être dans le voisinage du sanctuaire de Notre-
Dame de la Salette.

PIED-COURT. — Partie de forêt appartenant à la
famille Lanteaume. Elle est aux Romans ; au nord-
ouest de la Marbrière. Non loin de là se trouve
Cadence ; deux parties voisines du même bois sont
ainsi appelées.

LA PLAINE. — Terrain cultivé au sud-ouest des
Romans. La Plaine a appartenu à M. Gilly, à
Mme Delestrade née Pauline Roman, à M. G. Nicolas
et de nos jours à Mme Eiglier.

LA GACHE. — Partie du vallon à l'est du Frisat.
Elle fut possédée par Nicolas Roman dit le Frisat,
mort à la Vieille en 1857 ; puis par son fils Baptistin
Roman. Autrefois il y avait là un phare, et des

vignes qui actuellement sont remplacées par des pins. La Gâche appartient à M. Vivian.

L'Andouillet. — Dans le vallon de la Gâche ; appartenait à Nicolas Roman le Frisat.

Moulard. — Maison de campagne habitée par la famille Auguste Samat. On la désigne aussi sous le nom de Gari et des Petits-Romans.

Le Furat. — Propriété sise près du tunnel que traverse le canal à sa sortie de la campagne Jouvin, au sud-ouest des Grands-Romans.

Le Grillet. — C'est le nom de la propriété sur laquelle est bâtie la chapelle de Saint-François-Xavier. Le Grillet a eu entre autres propriétaires : M. l'abbé Amphoux, curé à Arles ; M. Marcel-Remi Durbec ; M. Gaspard Nicolas, qui l'a acheté en 1857, et actuellement Mme Eiglier.

Lou Found-dou-Pous. — Avant d'appartenir à M. Gaspard Nicolas, cette propriété était possédée par M. Guien.

La Guigue. — Cette propriété, voisine de celle des demoiselles Dròme, a appartenu successivement aux familles Arnaud, Nel, Bernel et Chapel. C'est à M. Numa Chapel que M. G. Nicolas l'a achetée.

CHAPITRE IV

LA PAROISSE DES ACCATES

I

L'église — Sa décoration — Son mobilier

Les premiers paroissiens s'imposèrent volontiers des sacrifices pour orner de leur mieux leur nouvelle église ; malheureusement la Révolution survint et l'édifice fut livré au pillage. Quelques objets furent, pendant cette époque terrible, soigneusement cachés par les habitants et rendus à la fin de la tourmente ; nous citerons en particulier une statue de la Très Sainte Vierge, qui n'existe plus de nos jours. Pendant la Révolution cette statue fut préservée de la profanation par Tiston Coste, propriétaire de la Tistonne, qui appartient actuellement au sieur Jean Nourrisson. Tiston garda cette Vierge chez lui jusqu'au jour où le calme fut rétabli. En général cependant presque tout ce que possédait l'église fut volé.

Pour procéder avec ordre nous allons parler :

1º des meubles, autels, statues que l'église avait avant la Révolution et qu'elle conserve encore ;

2º de ce qu'elle possédait avant la Révolution et qui a été remplacé depuis le rétablissement du culte ;

3º des autels, statues, etc., dont l'église a été enrichie et qu'elle n'avait jamais possédés avant le Concordat.

I

Ce que l'église possédait avant la Révolution et qu'elle conserve encore

I. LE TABLEAU DE SAINT CHRISTOPHE. — Cette toile, représentant la Très Sainte Vierge ayant à sa droite saint Jacques et à sa gauche saint Christophe, est l'objet le plus ancien que l'église possède. C'est le seul ornement qui reste de l'antique chapelle : il a environ deux cent cinquante ans d'existence. C'est la famille de Foresta-Collongue qui le fit faire pour sa chapelle. Ce tableau porte à sa base les armoiries de cette illustre famille : ce blason est palé de six pièces d'or et de gueules, à une bande de gueules brochant sur le tout. Il est supporté par deux aigles d'or, sommé d'un aigle de même et surmonté d'une couronne comtale (1).

(1) *L'État de Provence dans sa noblesse*, 1693.

La chapelle dans laquelle se trouve ce tableau existe depuis trois siècles. La famille de Foresta la fit construire pour satisfaire sa piété. Elle la mit, au milieu du dix-septième siècle, à la disposition des habitants des Accates très éloignés de l'église de Saint-Marcel, leur paroisse. En 1736, Mgr de Belsunce la fit enclaver dans la nouvelle église. Depuis sa construction jusqu'en 1844, elle fut dédiée à saint Christophe.

II. Le tambour de l'église. — Le tambour a cent vingt-huit ans. Ce fut Jacques Camoin, menuisier à Allauch, qui le fit en 1772 au prix de cent huit livres (1).

III. Statue de Notre-Dame du Très Saint Rosaire. — Cette statue en bois a été achetée en 1759 au prix de deux cent cinquante-deux livres par la confrérie du Très-Saint-Rosaire. C'est M. Chieusse, sculpteur à Marseille, qui l'a façonnée (2). Elle fut dorée en 1817. Depuis 1896 elle est polychrome. Nous ignorons les noms des paroissiens qui, pendant la Révolution, ont donné, au péril de leur vie, l'hospitalité à cette statue ainsi qu'à celle de saint Christophe.

(1) Livre de Raison, p. 53.
(2) Livre de Raison, p. 53.

IV. Statue de saint Christophe. — Elle a été sculptée en même temps que la précédente, est sortie des mêmes ateliers et a été payée au même prix (1). Elle a été dorée en 1874. Lorsque, en 1891, la chapelle du saint patron fut mise dans l'état où elle est actuellement, ce fut M. Paulin Grosson, notable et fabricien de la paroisse, qui exécuta gratuitement tous les travaux de peinture qui y ont été faits (2).

V. La Chaire. — La chaire est aussi ancienne que l'église. Elle y fut placée en 1737, et compte, par conséquent, cent soixante-trois ans. Elle fut payée ensemble avec le confessionnal, au prix de cent quarante-sept livres (3). M. Arène la fit surmonter de l'abat-voix en 1838 (4). En 1856, M. l'abbé Long, curé, se vit dans la nécessité de faire renouveler ses marches. Comme la chaire était toute simple, il fit sculpter les sujets qui la décorent actuellement, savoir : le Bon Pasteur et les quatre évangélistes.

VI. Le Confessionnal. — C'est en 1737 qu'il a été fait. En 1837 il était tellement rongé par les

(1) Livre de Raison, p. 53.
(2) Registre paroissial, n° 2, p. 10.
(3) *Livre de Raison*. p. 4.
(4) Registre paroissial, p. 8.

vers que M. Arène, curé, en demanda un autre à la Municipalité : celle-ci se contenta de le faire réparer. Ce fut Ollivier, ébéniste à Roquevaire, qui exécuta ce travail. En 1896, ce confessionnal a été repeint par Suzan, de La Ciotat.

VII. La fresque de saint Christophe dans le sanctuaire. — Cette fresque représente saint Christophe et saint Jacques ; ces deux saints sont entrés dans le ciel le même jour, 25 juillet. Ils ont tous les deux remporté la palme du martyre et sont fêtés par l'Eglise à la même date. Telles sont les raisons qui ont porté l'artiste à les placer l'un à côté de l'autre. Aux pieds du glorieux patron de la paroisse se trouve le torrent qu'il traverse en portant l'Enfant Jésus sur ses épaules. Au-dessus des deux saints personnages, la Très Sainte Vierge, entourée d'une légion d'anges, assiste ses deux serviteurs. Cette fresque est aussi ancienne que l'église : elle date de l'année 1737. Elle est due au pinceau de Gras. Sala, autre artiste, l'a retouchée en 1846.

II

Objets possédés par l'église avant la grande Révolution et remplacés à cause de leur vétusté.

I. Autel de Saint Joseph (autrefois de Saint Christophe). — La chapelle de Saint Joseph avait été jusqu'en 1844 dédiée à saint Christophe. Cette année-là Monseigneur Charles-Joseph-Eugène de Mazenod voulut qu'on y vénérât saint Joseph (1).

La statue du saint patron de la paroisse fut transférée près de la porte de l'église, là où elle est de nos jours, et céda sa place à une statue de saint Joseph. Cette dernière fut donnée au sanctuaire de Notre-Dame de la Salette par M. Long, curé; et M. G. Nicolas donna en échange à l'église la statue actuelle de saint Joseph, qu'il avait reçue de Notre-Dame de la Garde. En 1895, la statue de saint Joseph ainsi que sa chapelle ont été mises à neuf et en même temps le vieil autel en bois sculpté a été remplacé par un autel en marbre, que le Révérendissime abbé Dom Gauthey a bénits solennellement le 15 décembre 1895.

II. Le Maitre-Autel. — Le premier maître-autel placé dans l'église, en 1737, sortit des ateliers de Joseph Achard, maître menuisier de Marseille. Il était en forme de tombeau, mesurait huit pans de long, deux pans de profondeur, et coûta 135 francs. En 1759, cet autel fut transformé, grâce au zèle de M. Aillaud, curé, dont le corps est inhumé dans le sanctuaire. Ce travail de décoration fut

(1) *Livre de Raison,* ; visite pastorale de Mgr de Mazenod, p. 157.

confié au sieur Charpentier, maître miroitier à Marseille. L'autel, qui jusqu'alors avait été fort simple, fut surmonté d'une gloire en bois, reçut trois gradins à corniche dorée, au milieu de ces gradins fut placée une fleur en or ; le tabernacle fut doré, et le tombeau de l'autel fut orné d'un écusson. En 1856, M. Arène, curé, remplaça ce vétéran qui comptait cent vingt ans d'existence, par le bel autel en marbre que nous possédons. L'année suivante, M. Gaspard Nicolas offrit la gloire en marbre qui surmonte le tabernacle. Le maître-autel a été redoré en 1896 par Suzan.

III. Le banc d'œuvre. — Le banc d'œuvre actuel est le troisième que l'on voit dans l'église depuis sa construction. Le premier ne servit que pendant six ans. Il fut donné le 24 juin 1781 par M. Caillol. En 1787, on fut obligé de le remplacer. Ce second banc, acheté avec les vingt écus que Messire Perrone avait laissés à l'église (1), fut à l'usage des prieurs et fabriciens pendant soixante-douze ans. En 1859, M. Long lui donna pour remplaçant le banc d'œuvre actuel, au milieu duquel il fit mettre une pendule. En 1896, ce banc a été réparé. Sa vue nous rappelle sans cesse le bon souvenir de MM. Berniaux,

(1) *Livre de Raison.* p. 122.

Fey, Jean Fabre, Fouillot, Louis Mazet et Louis
Pons.

IV. LES FONTS BAPTISMAUX. — Les fonts baptismaux n'ont pas été construits en même temps que
l'église ; pendant bien des années la paroisse en a
été privée (1). Où baptisait-on les enfants à cette
époque ? Les archives ne répondent pas à cette
question. Ce que nous savons par elles, c'est que
les fonts baptismaux furent blanchis en 1817. Ils
étaient dans l'emplacement où ils se trouvent main-
tenant. En 1843, sur la demande des fabriciens, la
somme de 769 francs fut donnée par la commune
pour en faire de nouveaux. Ils furent placés là où
est Notre-Dame des Victoires. M. Fassy, en paya
la peinture, la marche en marbre ainsi que la
grille (2). Cette dernière fut placée plus tard à la
fenêtre de la tribune. Ces travaux de construction
furent terminés au mois de novembre 1843. Lors de
l'inauguration de la chapelle consacrée à Notre-
Dame des Victoires en 1864, les fonts baptismaux
furent transférés à leur ancienne place, où nous les
voyons de nos jours. La grille, qui coûta cent cin-

(1) Réponse pour le quartier des Accates contre le quartiér des
Camoins, 10 mars 1786.

(2) *Livre de Raison*, p. 153.

quante francs, y fut posée en 1874 (1), et on a procédé à leur dallage en 1896 (2).

III

Objets dont l'église a fait l'acquisition ou qui lui ont été offerts depuis le rétablissement du culte.

STATUES

I. Notre-Dame des Victoires. — C'est en 1864 que la paroisse en fut dotée. En 1877, M. le chanoine Faure fit ériger un petit autel en bois devant le socle de la statue. Cet autel a été remplacé en 1897 par un bel autel en marbre, sorti des ateliers de M. Sauvignet et donné par Mme veuve H. Coste, qui offrit en même temps les anges, les chandeliers et toute l'ornementation de cette petite chapelle. Cette statue en carton brut a été faite à Marseille par Simon au prix de 250 francs : la niche et le socle ont coûté 300 francs. Désireuse de contribuer à cette dépense, la Municipalité donna 200 francs. La statue de Notre-Dame des Victoires prit la place des fonts baptismaux, qui furent alors transférés à l'endroit où nous les voyons de nos jours.

II. Statue de Sainte Emilie. — La statue de cette vierge martyre, donnée en 1896, a été bénite le

(1) Registre paroissial, p. 9.
(2) Cette grille vient d'être dorée et argentée grâce à la générosité de M. Peiran.

3 mai de la même année, par M. le chanoine Paranque, curé de La Ciotat, qui a bénit en même temps

III. Celle de Sainte Philomène, patronne secondaire de la Congrégation : c'est à Mme veuve Coste, que la paroisse en est redevable.

IV. Statue de Saint Antoine. — Donnée par Mme veuve H. Coste, en 1896 ; la statue du grand ami des pauvres a été bénite le 15 mars de cette même année par le R. P. Jouet, missionnaire du Sacré-Cœur.

V. Statue de l'Enfant Jésus. — Elle a été offerte par Mme Roy, propriétaire du Galetas, en 1823. Deux sacristines zélées, les demoiselles Marie Bérenger et Elizabeth Julien, sœur de la regrettée Mme Roux, ayant appris par Mme Roy l'adresse de M. Codde fils, de Marseille, chez lequel elle avait fait son acquisition, et désireuses de voir sans retard l'église enrichie de cette belle statue, allèrent à pied en ville pour la chercher et s'en retournèrent de même en portant leur précieux fardeau.

VI. Statue de N.-D. du T. S. Rosaire. — Ce sont les paroissiens qui l'ont achetée en 1875, au prix de quatre-vingts francs.

VII. Statue et Chapelle du Sacré-Cœur. — Cette chapelle, d'abord dédiée à N.-D. du T. S. Rosaire, est beaucoup moins ancienne que l'église. Le Conseil de Fabrique, présidé par M. François Mazet, en décida la construction dans sa séance du 3 avril 1822 et les travaux furent immédiatement exécutés par Baptiste Michel, maçon, au prix de cinq cent septante-deux francs dix-huit sols (1).

Cette chapelle fut d'abord dédiée à N.-D. du T. S. Rosaire.

En 1882 on plaça, à la suite d'une mission, la statue du Sacré-Cœur dans la niche qui surmonte l'autel ; et depuis lors la chapelle est dédiée au Sacré-Cœur de Jésus. C'est sous l'administration de M. l'abbé Faure que se fit ce changement. Cette statue, offerte par les fidèles, a coûté cent quatre-vingts francs. Elle a été bénite le 26 décembre 1889, par le R. Père Mauran, oblat de Marie–Immaculée. L'autel du Sacré-Cœur a été redoré par Suzan, peintre à La Ciotat, au mois d'octobre 1896.

VII. Statue (*ancienne*) de Sainte Philomène. — Cette statue, jadis dorée, a été achetée en 1854, du temps où M. Arène était curé. Elle a coûté cent francs. La Congrégation l'a fait peindre en 1896.

---

(1) Archives paroissiales.

VITRAUX

Les six vitraux qui ornent l'église sont sortis des ateliers de Brunet, artiste de la ville de Montpellier. M. Gaspard Nicolas les a donnés en 1864. Voici les saints qui y sont représentés :

Dans le sanctuaire : Notre-Dame de la Salette et saint Joseph. Au-dessus de la chapelle de N.-D. des Victoires, saint Honoré, patron de M. l'abbé H. Long, curé des Accates, en 1864. En face de saint Honoré il y a saint François-Xavier. Au-dessus de la chapelle de saint Joseph on voit saint Clair, et vis-à-vis sainte Catherine. Sainte Catherine, saint François-Xavier et saint Clair étaient les saints patrons de trois membres de la famille Nicolas.

LUSTRES

En 1896, la paroisse a fait l'acquisition, au prix de cent vingt francs, de deux grands lustres placés à l'entrée du sanctuaire. Les deux petits lustres qui ornent les chapelles du Sacré-Cœur et de saint Joseph ont été offerts par Mme veuve Coste. Celui de saint Christophe a été donné en 1896, par M. Louis Pons, président du Conseil de Fabrique.

COLONNE DE LA SAINTE FACE

Donnée par Mmes Coste et Eiglier. Cette colonne a été bénite par le Révérendissime Père Abbé Dom Gauthey, le 15 décembre 1895.

LA CRÈCHE

Elle a été achetée par les fidèles au prix de deux cent cinquante francs et inaugurée en 1882. Ce sont les jeunes filles de la paroisse qui ont confectionné les costumes des santons. En 1898, M. le chanoine Paranque l'a enrichie en lui donnant plusieurs personnages d'une beauté remarquable. C'est grâce à l'initiative de M. le curé Faure que la paroisse possède cette crèche.

LAMPE DU SAINT SACREMENT

Mᵐᵉ veuve H. Coste l'a donnée en 1896.

LA SAINTE TABLE

Pendant quatre-vingt-trois ans l'église n'en a point possédé. En 1820, M. le curé Teissier en fit faire une par Favier, serrurier. Elle était de forme semi-circulaire et avait une porte à chacune de ses extrémités. En 1857, M. le curé Borrély la remplaça par la sainte table actuelle, que la Congrégation a fait dorer et argenter en 1896.

AUTEL ET NICHE DE SAINT CHRISTOPHE

C'est en 1891 que M. l'abbé Rey, curé, en a doté l'église. M. le chanoine Gondran, curé de Saint-Cannat, procéda à leur bénédiction au mois de juillet de la même année.

LES RELIQUAIRES

C'est à la générosité de Mme veuve H. Coste, que la paroisse doit ses deux superbes châsses en bronze doré et deux de ses reliquaires. Elle les a offerts peu avant sa mort arrivée le 13 mai 1899 dans sa résidence d'été aux Accates. Les deux autres reliquaires ont été achetés à peu près en même temps. Celui de saint Christophe a été donné en 1896, par Mme veuve Marrens. La paroisse possède les reliques suivantes :

Reliques : 1° de la vraie croix, donnée en 1824 par M. le curé Teissier ; 2° de sainte Philomène ; 3° de la colonne de la Flagellation ; 4° de sainte Probe ; toutes trois données, en 1875, par M. le chanoine Faure, curé ; 5° de saint Christophe, donnée par M. le chanoine Jourde, qui la tenait de M. l'abbé Christophe Brun ; 6° de saint Philippe de Néri ; 7° de saint François de Sales ; 8° du tombeau de la Sainte Vierge, ces trois dernières ont été offertes par la famille Mazet ; 9° de la B^e Marguerite Marie, donnée par Mme veuve Coste, en 1899 ; 10° de saint François d'Assise ; 11° de sainte Claire, double souvenir de la Très Révérende Mère abbesse du monastère de Sainte-Claire à Marseille.

Que penser de la relique placée au pied de la statue de saint Christophe ?

La paroisse la vénère comme un os de son saint patron. Il n'y a point d'authentique. Cette relique est, peut-être, un don de M. Christophe de Foresta-Collongue.

LE CHEMIN DE CROIX

Ce sont MM. les curés Baverel et Rey qui ont enrichi l'église de ces beaux tableaux, faits à Lyon, au prix de 550 francs. M. l'abbé Baverel, au moment de leur arrivée dans la paroisse, fut nommé curé à Cassis. L'érection de ce chemin de croix n'eut lieu que plusieurs mois après. Elle fut fixée au 19 octobre de la même année, 1890, et présidée par M. le chanoine Brusco, secrétaire général de l'Evêché, assisté de M. l'abbé Rey, le nouveau curé, et de M. Baverel ; ce dernier monta en chaire et dans un éloquent discours retraça toute la vie d'angoisse, de douleur et de tristesse du divin Maître. Ce chemin de croix remplaça celui que M. Gaspard Nicolas avait donné en 1866, et dont l'érection fut présidée par M. l'abbé Isnard, assisté de M. l'abbé Borrély, curé.

Jusqu'en 1834, notre église n'avait pas eu encore l'avantage de posséder un chemin de croix. Le premier fut érigé du temps de M. Arène, curé, le 2 mars 1834, par M. le chanoine Tempier, vicaire général.

LES VASES SACRÉS

Les deux calices, l'un en argent, l'autre en vermeil, les burettes et la clochette ont été achetés en 1866.

L'ostensoir en argent a été acheté, en 1833, au prix de cinq cent soixante francs, chez M. Delestrade, orfèvre à Marseille. La Commune vint au secours de la Fabrique pour le payer. La riche couronne qui l'orne les jours de grandes solennités a été donnée par la famille Mazet, en 1884. Elle a coûté cent francs. La même famille a donné le bel ornement en drap d'or qu'elle a acquis au prix approximatif de deux mille francs.

LES BANNIÈRES

I. BANNIÈRE DE LA PAROISSE. — En velours rouge, à double face. Sur un de ses médaillons est représenté l'ostensoir, et sur l'autre saint Christophe. Elle a été donnée en 1861 par M. Gaspard Nicolas.

II. BANNIÈRE DE LA CONGRÉGATION. — Elle est en satin violet à double face. Sur l'un de ses côtés, on voit l'image de Notre-Dame du Très-Saint Rosaire, et sur l'autre on lit tout autour d'une grande M brodée, l'inscription suivante : « Congrégation du Très Saint Rosaire de la paroisse des Accates. » C'est Mme Paulin Grosson qui l'a offerte en 1897.

III. Bannière des Enfants de saint Christophe. — Cette gracieuse petite bannière rouge a été donnée par M. Louis Pons en 1898 à l'association des Enfants de saint Christophe. A sa bénédiction, qui eut lieu le 11 avril de la même année, ce fut le R. P. Jouet, missionnaire du Sacré-Cœur d'Issoudun, qui prit la parole.

IV. Croix de la Congrégation. — Cette croix en bois richement sculptée a été achetée du temps de M. Arène. Elle a été redorée en 1897.

CRÉDENCE DE LA SACRISTIE

C'est Siméon Dighie, menuisier aux Camoins, qui l'a faite en 1843 au prix de cent francs (1).

II

L'Église *(Suite)*

LES CAVEAUX DU SANCTUAIRE ET DE L'ÉGLISE

Dans l'espace compris entre les marches du maître-autel et la Sainte Table se trouve le caveau des prêtres. Plusieurs curés, dont deux nous sont connus, messires Gusman et Aillaud, y ont été

(1) Livre de Raison, p. 153.

inhumés : le premier en 1737 et l'autre en 1770. Leurs restes furent mis à découvert en 1856 lorsqu'on creusa le sanctuaire pour y placer le maître-autel.

Guidés par des sentiments de foi, les habitants des Accates voulurent, lors de la construction de l'église, que des caveaux fussent creusés dans l'enceinte sacrée pour y déposer les corps des paroissiens. Cette mesure fut une garantie en faveur des chers défunts : il était en effet impossible d'aller prier dans la maison de Dieu sans avoir un souvenir pour ceux qui y dormaient leur dernier sommeil. On fit en conséquence des caveaux dans la chapelle de saint Christophe, qui est aujourd'hui dédiée à saint Joseph, ainsi que dans tout le reste de l'église pour les paroissiens qui n'avaient point de tombeaux dans leurs propriétés. Les corps y furent inhumés pendant quarante ans, de 1737 à 1777 : en cette année 1777 un édit royal interdit les inhumations dans les églises et dès lors ces caveaux furent fermés pour toujours. Les ossements qui y étaient contenus furent exhumés et transportés au cimetière en 1866 lorsqu'on fit le carrelage de l'église. Ces travaux d'exhumation furent dirigés par M. Artufel, entrepreneur maçon. Immédiatement après le transfert les caveaux furent comblés.

DALLAGE DU SANCTUAIRE ET DE L'ÉGLISE

Le sanctuaire a été dallé en marbre en 1866 aux frais des paroissiens.

En 1896, M. l'abbé Gouin, ayant reçu d'une personne étrangère à la paroisse une somme assez considérable, en employa une très grande partie au dallage de l'église : jusqu'alors l'église avait conservé le carrelage en pieds carrés que la Mairie avait fait faire en 1866.

LA TRIBUNE

Elle a été construite en 1841 par Germain Michel. Son coût a été de deux cent quatre-vingts francs y compris la rampe. On fit à cette occasion chez tous les paroissiens une quête dont le produit atteignit la somme de cent deux francs (1). Les escaliers de la tribune conduisent dans le passage. Ce couloir très utile a été pratiqué en 1864 (2) : depuis 1894, époque où M. le curé Mauran y a fait placer de grands placards, il est devenu comme une annexe de la sacristie. Avant la construction de ce passage une porte latérale donnait accès de l'extérieur à la chapelle actuelle du Sacré-Cœur.

(1) Livre de Raison, p. 152.
(2) Registre paroissial, p. 9.

PEINTURES DU SANCTUAIRE ET DE L'ÉGLISE

Il a déjà été question de la fresque de saint Christophe : inutile d'y revenir. En 1846, Sala, qui a retouché cette fresque, a représenté dans le sanctuaire une élégante tribune, au-dessus de laquelle il a peint les quatre grands prophètes : Isaïe, Jérémie, Ezéchiel et Daniel. Le dôme qu'il a simulé est, d'après les artistes, une œuvre remarquable.

Suzan a peint en 1896 les deux chapelles du Sacré-Cœur et de saint Joseph. En 1864, M. Borély a peint tout le reste de l'église. Le blason que ce peintre marseillais a placé au-dessus du banc des fabriciens est celui de Monseigneur Cruice, ancien évêque de Marseille.

STYLE ET DIMENSIONS DE L'ÉGLISE

L'église, du style roman, a la forme d'une croix latine dont les chapelles du Sacré-Cœur et de saint Joseph forment le croisillon ou le transept. Elle mesure 11 mètres 50 de hauteur, 20 mètres de longueur et 10 mètres 70 de largeur. Sa façade, remise à neuf grâce aux démarches de M. le curé Mauran, porte deux millésimes : 1736 et 1812. Le premier indique la date de la construction de l'église ; et l'autre, l'époque où la paroisse a recommencé à être desservie par des curés non assermentés.

LE CLOCHER

En 1736 on construisit un petit clocher au-dessus de la porte principale de l'église ; on le remplaça ensuite par un campanile que l'on éleva à l'endroit où se trouve de nos jours la chapelle du Sacré-Cœur. Enfin en 1828 on a construit le clocher actuel qui mesure treize mètres de hauteur, trois mètres soixante de longueur et autant de largeur. Nous allons dire quelques mots des trois cloches qui s'y trouvent.

La plus petite des trois est au clocher depuis soixante-quatorze ans. C'est en 1826 qu'elle a été bénite. Elle porte cette inscription : « *Anno Domini* 1826. *Sit nomen Domini benedictum.* » Elle eut pour parrain Dominique Lions et pour marraine Mme Claire Mazet, née Bérenger.

La plus grosse cloche comme la moyenne, dont nous allons parler tantôt, sort des ateliers de Baudouin, fondeur à Marseille. Son poids est de cinq cent vingt-cinq kilogs et son prix de mille trois cent quarante francs. Elle est due en partie à la fabrique des Accates, qui a échangé contre elle une ancienne cloche hors de service, et en partie à la générosité de Mme veuve Coste. Cette grosse cloche médaillée à l'exposition d'Avignon en 1893 porte l'inscription suivante :

Gloria in excelsis Deo
Parrain, H. Eiglier. Marraine, C. Eiglier
1895

Engène Baudouin, fondeur à Marseille, 1893

Monsieur l'abbé Mauran, qui en avait procuré l'acquisition, ayant dû pour des raisons de santé resigner ses fonctions de curé, la cérémonie de la bénédiction a eu lieu du temps de son successeur. Elle a été présidée par Monseigneur Robert, le 27 octobre 1895.

On lit sur la troisième, qui est la plus récente des trois :

Parrain : Eugène Nicolas-Denise.
Marraine : Joséphine Petit-Fouillot
Co-parrain : Louis Mazet
Co-marraine : Miette Mazet
Eugène Baudouin, fondeur à Marseille,
1896

C'est Monsieur le chanoine Blancard, vicaire général, qui procéda à sa bénédiction le 4 octobre 1896.

Cette cloche, qui pèse deux cent soixante trois kilogs, a été donnée par les paroissiens.

L'HORLOGE

I. Horloge actuelle. — Le quartier a été doté de l'horloge actuelle en 1874. La Mairie s'est chargée de sa dépense, qui s'est élevée à la somme de mille francs.

Lorsqu'en 1885 le clocher s'enrichit d'une nouvelle cloche il fallut procéder au déplacement de l'horloge qui, par sa position, empêchait la sonnerie à toute volée et présentait de graves dangers. Messieurs les fabriciens adhérèrent à ce déplacement, et, adoptant l'avis de M. Jayne, entrepreneur maçon, et de M. Martin, horloger, ils consentirent à la placer au-dessous du plancher sur lequel elle était auparavant. La Fabrique paye chaque année au sacristain une allocation particulière pour le montage de l'horloge.

II. L'Ancienne Horloge. — Celle qui a cédé la place à l'horloge actuelle fut achetée par souscription au prix de mille deux cents francs et placée au clocher le 4 avril 1859. La souscription fut faite par M. le curé Long et produisit la somme de huit cent quinze francs. Voici les noms des personnes qui répondirent à l'appel du curé :

Messieurs Gaspard Nicolas, Eugène Saurin, Blanchard, d'Isoard, Jean Fabre, Joseph Fey,

Honoré Conte, Bérenger, Martin de la Rouvière,
Camoin du Vallon.

La Mairie donna trois cents francs, et la Fabrique
quatre-vingt cinq francs.

III

Les Curés

Depuis l'époque où les habitants du quartier ont
eu à leur disposition la chapelle qui leur servait
d'église, jusqu'à nos jours, la localité a été desservie
par vingt-quatre prêtres. Il y en a eu dix jusqu'à la
Révolution ; et quatorze depuis le Concordat jusqu'à
aujourd'hui. Les dix premiers étaient désignés sous
ce nom : secondaires délégués par le vicaire perpétuel de Saint-Marcel pour l'administration des
sacrements. Les paroissiens s'étaient engagés à leur
allouer tous les ans la somme de deux cents livres
et à leur faire des dons en nature (1). De leur temps
l'église n'avait pas encore été reconnue comme succursale ; elle était seulement annexe de Saint-
Marcel.

(1) Archives paroissiales délibération du 27 novembre 1774,
n° 8.

Les quatorze autres sont nommés recteurs ou curés. Pour simplifier nous n'établirons point de distinction entre les uns et les autres.

I. GUSMAN, André, 1685-1737. — Aucun curé n'est resté dans le quartier aussi longtemps que ce saint prêtre. En 1685 il cessa d'être recteur de la chapellenie de Saint-André et vint exercer son ministère aux Accates pendant cinquante-deux ans. En 1720, il prodigua les secours de la religion aux paroissiens atteints de la peste. Il se donna beaucoup de peine pour faire construire la nouvelle église et dans ce but économisa pendant sa gestion la somme de quatre mille cinq cent cinquante livres. Ce fut lui qui reçut avec le vicaire perpétuel de Saint-Marcel Monseigneur de Belsunce, évêque de Marseille, lorsque, le 26 février 1736, cet illustre pontife vint visiter notre quartier (1). M. Gusman remplit pendant cinquante-deux ans ses fonctions sacrées dans la chapelle de M. de Foresta, qui est aujourd'hui la chapelle de Saint-Joseph. Il n'eut pas la consolation d'assister à la bénédiction de l'église ; car il mourut le 3 janvier 1737. Son corps repose dans le sanctuaire, entre l'autel et la

(1) Archives paroissiales, verbal de visite pastorale de Monseigneur l'Evêque de Marseille, 26 février 1736. B. n° 2.

Sainte Table. M. Gusman avait son habitation aux Romans.

II. Pourcelly, Henri, 1737-1745. — Ce fut à lui qu'incomba le soin de pourvoir à l'ameublement de l'église. Le 1er mai 1737 Monseigneur de Belsunce venant bénir l'édifice sacré y trouva déjà placés la chaire et le confessionnal que l'église possède encore. Deux ans après Madame Catherine Durbec, domiciliée aux Fabres, donna un calice en argent du prix de deux cent quarante livres, qu'elle avait acheté chez Giraud, maître orfèvre de Marseille. Après avoir administré les Accates pendant huit ans il fut remplacé par M. Brocardy.

III. Brocardy, 1745-1749.

IV. Bonnafoux, 1749-1750.

V. Giraud, 1750-1751.

Les archives ne nous font connaître que les noms de ces trois curés.

VI. Barrème, 1751-1754. — Son séjour dans la paroisse ne fut que de trois années, mais il fut fécond en œuvres. En 1752, un an après son installation, il fit ajouter un étage au presbytère. En 1753 il procura à la paroisse le bienfait d'une mission prêchée par quatre Pères Capucins. A la suite de cette mission très fertile en fruits de salut, on planta une croix, on nomma six marguilliers chargés de faire brûler la lampe placée devant elle et de pourvoir à sa décoration. Ces marguilliers de la croix furent : Messieurs de Foresta, de Saint-Jacques, de Grelin, Jacques Bérengier dit Vidalle, Louis Bérengier dit le Pupille, Jean Coste dit l'Empereur. Tout porte à croire que cette croix fut plantée dans l'église. Enfin on établit l'Adoration perpétuelle du Très Saint Sacrement tous les dimanches et fêtes.

VII. Aillaud, 1754-1770. — Ce curé vécut aux Accates avec son père. En 1759 il fit réparer et redorer le maître-autel, au pied duquel son corps repose en attendant le jour de la résurrection. Dans le courant de la même année il fit exécuter par Chieusse, maître sculpteur à Marseille, au prix de 252 livres, la statue de Notre-Dame du Très Saint Rosaire. C'est celle qui est dans la chapelle du Sacré-Cœur. Au même sculpteur, il commanda en 1761 la statue de saint Christophe qui de nos jours encore surmonte l'autel de notre saint patron. Elle coûta comme l'autre 252 livres. Après avoir administré la paroisse pendant seize ans, M. Aillaud mourut subitement le 31 janvier 1770. Il avait rédigé et signé un acte quatre jours à peine avant sa mort.

VIII. PERRONE, 1770-1781. — A M. Aillaud succéda M. Perrone. Pendant les onze années que dura sa gestion il eut deux procès à soutenir. Le premier en 1774 contre cinq paroissiens qui refusaient de payer leurs redevances annuelles. Ces récalcitrants furent condamnés. L'autre fut intenté en 1776 contre un sieur Artufel pour un acte d'impiété : il avait cherché à arrêter sur le chemin la procession des Rogations (1).

M. Perrone fit faire au prix de cent huit livres le tambour de l'église à Jacques Camoin, menuisier à Allauch. Il fut remplacé dans sa charge de curé en 1781 par M. Melquiond. Il mourut six ans après, en 1787, laissant vingt écus à l'église des Accates pour ornement d'icelle.

IX. MELQUIOND, 1781-1784. — Les prieurs, qui depuis quatre-vingts ans géraient les affaires de la paroisse, n'avaient pas encore une place particulière dans l'église. Ce fut du temps de M. Melquiond qu'ils commencèrent à l'avoir. En 1781, en effet, un paroissien nommé Caillol donna à l'église le banc

____

(1) Livre de Raison, p. 106.

qu'il occupait sous la seule réserve qu'il aurait après les prieurs une place pour lui sa vie durant. Les archives ne relatent aucun fait concernant ce curé.

X. BOURDON, 18 août 1784-19 mai 1792. — M. Bourdon, qui remplaça aux Accates M. Melquiond, devait, après huit ans de ministère, être chassé de sa paroisse par les révolutionnaires. Il fut le dernier secondaire délégué par le vicaire perpétuel de Saint-Marcel. Jusqu'à lui, les curés ne s'étaient pas opposés à ce que les fidèles apportassent leurs chaises dans l'église.

Le lendemain de son arrivée aux Accates, le 19 août 1784, les prieurs prirent une délibération qui abolit cet usage. Quatre ans après d'autres prieurs, Jacques Bérenger et André Roman, sollicitèrent et obtinrent un édit par lequel toute danse était interdite aux alentours de l'église et tout cabaret devait être fermé à dix heures du soir.

Sur ces entrefaites la Révolution éclata et l'église fut supprimée, puis, sur la demande des paroissiens, fut rouverte à la condition qu'elle serait desservie par un prêtre assermenté. M. Bourdon, aimant mieux mourir que de prêter un serment indigne d'un prêtre, résigna ses fonctions de curé et quitta la paroisse le 19 mai 1792.

XI. Véran, Louis, 1812-1817. — L'église des Accates ayant été érigée en succursale ou paroisse par l'arrêté du 7 thermidor an II, M. Véran en fut le premier véritable recteur ou curé. Il eut un Conseil de Fabrique légalement formé en 1811, un an avant son installation. Né à Arles le 17 juin 1745, il fut professeur à Marseille à l'institution Soutte. En 1812 l'autorité diocésaine lui confia la paroisse des Accates. Il avait soixante-sept ans lorsqu'il y fut nommé curé. Il administra la paroisse pendant cinq ans. Peu avant son départ il fit réparer les fonts baptismaux. C'était en 1817. Dans le courant de la même année il cessa de remplir ses fonctions curiales et mourut sur la paroisse de la Trinité le 22 septembre 1838 à l'âge de quatre-vingt treize ans. Il eut pour successeur M. Décugis.

XII. Décugis, 1817-1818. — Ce curé ne fit dans la paroisse qu'un séjour d'une année. Il eut néanmoins le temps de faire l'acquisition d'une cloche dont le parrain fut M. d'Isoard et la marraine Mme Roy. Il eut pour successeur M. Teissier.

XIII. Teissier, 1818-1824. — Né à Trets (diocèse d'Aix), le 3 septembre 1752, M. Etienne Teissier fut d'abord vicaire à Allauch en 1806 et en même temps curé des Olives, où il ne résidait pas. En

1797 il avait déjà été approuvé pour Allauch où il exerça son ministère avec zèle. Les persécutions des révolutionnaires devinrent si dangereuses que M. Teissier fut obligé d'émigrer. M. Delestrade et son ami Nardi se dévouèrent pour l'accompagner ; mais, arrivés à la frontière, ces hommes généreux revinrent dans leur pays sur l'invitation de l'abbé Teissier lui-même qui, disait-il, trouverait moins amer son exil, en pensant qu'il laissait dans la paroisse des hommes capables d'y soutenir le bien que son ministère avait produit (1).

M. Teissier était âgé de 66 ans lorsqu'il fut placé à la tête de notre paroisse qu'il administra pendant six ans. Chaque année de sa gestion fut marquée par quelque fait mémorable.

En 1819 il bénit le premier cimetière ; en 1820 il fait mettre la Sainte Table, en 1821 on place les boiseries dans le sanctuaire ; en 1822, construction de la chapelle du Très Saint Rosaire, actuellement chapelle du Sacré-Cœur ; en 1823, Mme Rey donne à l'église la statue de l'Enfant Jésus qui est placée aux fonts baptismaux ; et en 1824, M. Teissier donne la relique de la vraie croix. Dans le courant de la même année ce bon curé fut transféré à la paroisse du Plan-de-Cuques, dont il fut le second

(1) *Notice sur Allauch*, p. 13.

pasteur depuis le rétablissement de la succursale. Il mourut à Allauch le 9 août 1844 à l'âge de 92 ans. Il avait été remplacé aux Accates par M. Arnoux.

XIV. Arnoux, 1824-1830. — Les archives ne nous font rien connaître de ce curé. Nous savons par le millésime gravé sur la plus petite de nos trois cloches qu'il la bénit en 1826 ; et par la tradition qu'en 1828 il en bénit une autre dont le parrain fut M. Dominique Lions et la marraine Mme Claire Mazet née Bérenger. M. Arnoux exerça son ministère dans notre paroisse pendant six ans et fut remplacé par M. l'abbé Arène en 1830.

XV. Arène, Augustin-Benoît, 1830-1857. — M. Arène naquit à Roquevaire le 20 février 1805 et fut baptisé le jour de sa naissance. Malgré sa désolante surdité, il fut un musicien parfait. Chaque année nos excellentes choristes chantent avec un entrain admirable, à l'occasion de la fête patronale, la belle hymne qu'il composa en l'honneur de saint Christophe. Ordonné prêtre le 13 juin 1829 par Mgr Charles-Fortuné de Mazenod, il fut pendant moins d'un an vicaire à Saint-Laurent et au mois de juillet 1830 le même évêque lui confia la paroisse des Accates, qu'il devait administrer pendant vingt-sept ans. Il travailla à la sanctification de ses paroissiens avec l'ardeur propre à son âge ; il n'avait que vingt-cinq ans lorsque la Providence le conduisit aux Accates. En 1830, à peine arrivé dans la paroisse, il acheta un ciboire en argent ; en 1833 il fit l'acquisition au prix de 560 francs de l'ostensoir actuel ; en 1834 il dota d'un chemin de croix l'église qui, jusqu'alors, n'en avait jamais eu ; grâce à de nombreuses démarches en 1837 la municipalité de Marseille fit changer les portes de l'église, réparer la chaire, le confessionnal et le banc des fabriciens. En 1838 il établit la confrérie du Sacré-Cœur de Jésus. En 1840 il obtient quelques réparations au presbytère ; en 1841 il fait construire la tribune ; en 1843 il fait transférer les fonts baptismaux de l'emplacement qu'ils occupent de nouveau actuellement, à l'endroit où se trouve de nos jours Notre-Dame des Victoires. La Municipalité l'aide dans l'exécution de ce travail en lui allouant la somme de 769 francs. Dans le courant de la même année il fait remettre à neuf la crédence de la sacristie. L'année suivante il a l'honneur de recevoir Mgr Charles-Joseph-Eugène de Mazenod. En 1846 il fait réparer le grand arceau ainsi que le plafond du sanctuaire ; il fait peindre tout le chœur jusqu'à la boiserie. En 1847 il sollicite du maire la réparation de la façade de l'église, des marches du sanctuaire et de l'autel, la démolition de la banquette du presbytère et enfin la construction d'un nouveau cimetière proportionné aux besoins de la population. Il a la consolation de voir ses demandes exaucées en majeure partie : en effet en 1854 le presbytère est réparé ; en 1856 le nouveau cimetière est construit, l'autel en bois, qui comptait plus de cent ans d'existence, est remplacé par un bel autel en marbre, la chaire reçoit ses marches et son abat-voix. En 1851, sur la demande de **M. Arène**, **M.** l'abbé Blanchély était venu aux Accates le 7 décembre prêcher le jubilé avec un succès satisfaisant. La croix en fonte qui est sur la place de l'église en perpétue le souvenir.

La statue de sainte Philomène, qui est le principal ornement de la sacristie, fut achetée par **M. Arène** en 1854.

Après avoir administré la paroisse pendant vingt-sept ans, ce saint prêtre fut amené, à cause de sa surdité et surtout à cause d'une conscience timorée, à renoncer au ministère pastoral. Il quitta dans les premiers mois de 1857 la paroisse des Accates, qui se souviendra toujours de ses bienfaits, et accepta les humbles fonctions d'aumônier du Dépôt de mendicité. En 1866 il fut nommé aumônier de l'Asile de Notre-Dame de la Garde à Saint-Just, que ses infirmités l'obligèrent de quitter en 1879. Il se retira alors à Roquevaire, son pays natal, où il vécut encore pendant quatre ans. Chaque jour, malgré la pluie et le froid, malgré ses souffrances, il faisait trois visites au Saint-Sacrement dans l'église paroissiale. Le 21 juillet il se rendit encore, selon sa sainte habitude, auprès du divin Prisonnier du Tabernacle ; et le lendemain matin, 1ᵉʳ août 1883, il lui rendait sa belle âme. Il avait vécu 78 ans.

M. Arène et le Curé d'Ars. — Je ne puis passer sous silence le trait suivant qui caractérise bien ce pasteur regretté :

M. Arène voulut consulter le Curé d'Ars. Dès le soir de son arrivée dans le village des Dombes, il demande à M. Vianney s'il guérira. Le saint Curé diffère sa réponse jusqu'au lendemain après la sainte messe. « Non, dit-il alors à M. Arène qui se présente anxieux, non, vous ne guérirez pas ; le bon Dieu vous laisse cette infirmité pour votre sanctification. »

Cette réponse, loin de déconcerter l'abbé Arène, le remplit d'une douce consolation. Revenu au milieu des siens, il disait avec une sincère satisfaction : « Je suis aussi content de la réponse du Curé d'Ars que s'il m'avait donné l'assurance d'une prompte et complète guérison (1). »

(1) *Echo de Notre-Dame de la Garde,* 12 août 1883. 16 septembre 1883.

XVI. GARNIER, Jean-Joseph-Boniface, 1857-1858.
— M. l'abbé Garnier naquit à Auriol en 1810, le
25 juillet, en la fête de saint Christophe, patron de
notre paroisse. Il était âgé de 47 ans lorsqu'il fut
appelé à succéder à M. Arène. Il fut installé aux
Accates le 3 mai 1857. Il n'y séjourna qu'une seule
année. En 1858 il fut transféré à la Bourine. Il
mourut à Auriol, son pays natal, le 19 octobre 1879,
à l'âge de 69 ans. Il fut remplacé par M. Long.

XVII. LONG, Honoré, 1858-1865. — Il naquit
sur la paroisse de Saint-Vincent de Paul, les Réfor-
més, en 1824. Ordonné prêtre en 1849, il fut successivement vicaire à Saint-Marcel, à Cassis, aux
Aygalades et à Saint-Barnabé. Le 22 août 1858 il
fut installé curé des Accates ; il était âgé de 34 ans.
Le souvenir de son séjour est encore et sera longtemps gravé dans les mémoires et dans les cœurs
de tous. A peine placé à la tête de la paroisse il se
mit à l'œuvre avec un zèle admirable. Il dota l'église
d'un nouveau banc de fabriciens avec pendule :
c'était en 1859. Dans le courant de la même année,
il fit placer au clocher une horloge de 1.200 francs,
et sur la place la magnifique fontaine qui en est le
principal ornement. En 1860, il fonda le Cercle de
Saint-Christophe. En 1864, il fit l'acquisition de la

statue de Notre-Dame des Victoires, et pour lui procurer une place, il transféra les fonts baptismaux à l'emplacement qu'ils occupent actuellement. Par ses soins et grâce à son zèle, dans la même année, l'église fut peinte et enrichie des superbes vitraux donnés par M. Gaspard Nicolas ; l'emplacement où l'on dépose les chaises fut construit. Mgr Cruice, infirme, vint passer quelques jours de repos à la Denise. Sa Grandeur profita de son séjour aux Accates pour visiter l'église et pour confirmer les enfants. Cette cérémonie eut lieu le 13 octobre 1864. En 1865, M. le curé Long fit prêcher une mission, à la fin de laquelle on planta la grande croix qui est à côté du sanctuaire de Notre-Dame de la Salette. Ce fut M. le chanoine Pontier, vicaire général, qui la bénit.

Cette mission fut le dernier acte important accompli dans la paroisse par ce curé plein de zèle. Au mois de juin, Mgr Cruice lui confia la paroisse de Montredon, où il se rendit en emportant tous les regrets des habitants des Accates, dont il avait été le pasteur pendant sept ans. Ce fut lui qui inspira au vénéré M. Gaspard Nicolas la pensée de construire le sanctuaire de Notre-Dame de la Salette.

Pendant la guerre de 1870, M. Long, désireux de secourir corporellement et surtout spirituellement les soldats atteints de sérieuses maladies ou de graves blessures, fonda à Montredon une ambulance qui fonctionna très bien pendant plusieurs mois (1). Depuis seize ans il administrait cette paroisse, lorsque en 1881 une infirmité cruelle l'obligea de s'en éloigner. Il se retira à Flayosc (Var), où il vécut encore pendant neuf ans. Il y est mort le 23 janvier 1890, à l'âge de 63 ans.

XVIII. BORELLI, Bernard-Antoine, 1865-1868. — Il naquit le 9 septembre 1832 à Riva, en Italie, dans les anciens Etats sardes. Ordonné prêtre en 1857, il fut successivement vicaire à Saint-Loup, aux Aygalades et à Allauch.

Il fut nommé curé des Accates le 28 juin 1865 et prit possession de sa nouvelle paroisse le 1ᵉʳ juillet. La cérémonie de son installation fut présidée par son doyen, M. Constantin Jullien, curé d'Allauch. M. Borelli avait 33 ans lorsqu'il arriva dans notre paroisse. Le chemin de croix, bénit par M. Tempier en 1834, étant par trop détérioré, il le remplaça en 1866 par celui que donna M. Nicolas. En même temps, au moyen d'une souscription qu'il fit, il renouvela les vases sacrés. Il acheta un calice en argent et une chapelle en vermeil, composée d'un calice, des burettes et de la clochette. On se sert

______

(1) *Semaine religieuse de Fréjus.*

de nos jours de cette chapelle aux grandes solennités. C'est à lui que l'église doit son ancien carrelage en pieds carrés, qui été conservé jusqu'en 1896 ; ainsi que la sainte table. En 1867, le 23 octobre, M. Borelli eut l'honneur de recevoir Mgr Place, qui faisait sa première visite aux Accates.

Cet évêque fut tellement satisfait de sa visite, qu'au moment de son départ, il dit : « Monsieur le Curé, j'emporte un bon souvenir de l'heureuse journée que j'ai passée aux Accates. »

Hélas ! quatre mois après, ce bon prêtre fut transféré à Ceyreste au mois de février 1868. Il fut ensuite aumônier du Refuge, puis vicaire pendant quelques années à la paroisse de Saint-Laurent. Ses infirmités l'obligèrent à renoncer à l'exercice de son saint ministère. Il se retira dans la maison hospitalière de Saint-Jean-de-Dieu à Marseille, où, après douze années de cruelles souffrances, il expira pieusement le 30 août 1896. Il était âgé de 64 ans. Le 16 du mois suivant un service funèbre solennel fut célébré dans notre église pour le repos de son âme.

Le fait suivant nous montre l'humilité de ce bon pasteur. Quelques heures après le décès de ce digne curé, M. le chanoine Brieugne recevait la lettre suivante :

« Monsieur le Directeur de l'*Echo de Notre-Dame de la Garde.* Notre vénérable ami, l'abbé

Borelli, qui vient de rendre son âme à Dieu, m'avait chargé dans le temps et m'a répété maintes fois de vous prier de ne lui consacrer aucun article nécrologique, et d'indiquer simplement sa mort en ces termes, qu'il m'a prié un jour de transcrire sous sa dictée : « L'abbé Borelli vient de décéder à l'hospice de Saint-Jean-de-Dieu. Il faisait partie de l'Union des soixante prêtres, deuxième série, et de celle de l'Union de prières du diocèse. Priez Dieu pour le repos de son âme. »

XIX. CHAFFIN, Marc-Antoine, 1868-1872. — C'est à Beaucaire, en 1796, le 29 mai, que vint au monde M. Marc-Antoine Chaffin. Avant de guérir les âmes par l'exercice du saint ministère, il s'appliqua à guérir les corps par l'exercice de la médecine. Il se distingua comme docteur, soit à Avignon pendant le grand choléra de 1835, soit à Rome, où il rendit la santé à un cardinal que les sommités médicales de la Ville Eternelle n'avaient pu guérir. En récompense de ses services, le Souverain-Pontife Pie IX, qui avait pris M. Chaffin en affection, lui donna un titre honorifique. Il fut placé à la tête d'une ville avant d'être mis à la tête d'une paroisse. En effet, en 1848, il était maire d'Avignon : près de cette ville, il fonda un établissement de santé qu'il dirigea pendant assez longtemps. Cet établissement,

nommé Maison royale de santé, a tellement pros-
péré, qu'il compte de nos jours huit cents pension-
naires. Dans sa jeunesse, M. Chaffin s'engagea dans
les liens du mariage. Devenu veuf, notre futur curé
embrassa l'état ecclésiastique, et fut ordonné prêtre
à Rome en 1862 ; il était alors âgé de soixante-six
ans. L'évêque de Segni (Italie) le nomma plus tard
chanoine de sa cathédrale.

Monsieur Chaffin exerça successivement les fonctions d'aumônier de la Charité, des Enfants de
l'Etoile, des Dames de l'Espérance, des Religieuses
du Saint-Sacrement. En 1868 Mgr Place lui confia
la paroisse des Accates, dans laquelle il fut installé
par M. l'abbé Julien, doyen d'Allauch, le 8 du mois
de mars. Il était alors âgé de soixante-douze ans. Il
passa trois années dans la paroisse, qu'il dota de la
pharmacie. Cet établissement, qui rendit de grands
services au quartier ainsi qu'aux localités voisines,
fut créé par les soins de M. l'abbé Chaffin et grâce à
la générosité de MM. Gaspard Nicolas, Victor Régis,
Jouvin, Rouffio et Conte. L'emplacement choisi fut
l'école des filles.

En 1872 M. Chaffin quitta les Accates et vint se
fixer au Canet, où il mourut le 13 décembre 1876 à
l'âge de 80 ans. M. l'abbé Faure lui avait succédé en
1872.

XX. Faure, Joseph, 1872-1887. — Il naquit à Sisteron le 31 mai 1808. En 1831 il fut ordonné prêtre par Mgr Miollis et sept ans après il alla rejoindre à Toulon son frère, pour l'aider dans la direction de l'établissement qu'il avait créé dans cette ville. Mgr Sibour le nomma chanoine de Digne en 1838 et lui proposa plus tard, mais en vain, d'aller se fixer à Paris où il venait d'être nommé archevêque. Pie IX lui décerna le titre de Missionnaire Apostolique : cet honneur M. Faure l'avait bien mérité, car il fut l'un des plus éloquents prédicateurs de son temps. Mgr de Mazenod confia à notre futur curé la charge délicate de créer la paroisse de Sainte-Anne : en trois ans les vœux du grand évêque étaient satisfaits au delà de toute espérance. M. Faure remontait dans la chaire de vérité et opérait par ses prédications de véritables merveilles. La maladie mit un terme à ses courses apostoliques. Cet homme de Dieu, dont tous les fidèles admiraient l'éloquence, demanda pour se reposer la place de vicaire à Saint-Martin ; et quelques années après accepta avec bonheur la paroisse des Accates et le service de N.-D. de la Salette. A Mgr Place qui hésitait à lui faire cette proposition, ce prêtre modeste répondit : « Monseigneur, une paroisse de deux cents âmes, avec un sanctuaire de N.-D. de la Salette ! ah ! c'est tout ce que mon cœur désire ! » Personne ici n'ignore tout ce que ce prêtre zélé fit pour ce sanctuaire vénéré.

M. l'abbé Faure fut installé curé des Accates le 22 décembre 1872. Monsieur le chanoine Blancard, archidiacre, présida la cérémonie de son installation. Bien qu'âgé de 64 ans et d'une santé affaiblie par les grands travaux qu'il avait accomplis, le nouveau pasteur ne laissa pas de fournir une longue carrière dans notre paroisse et d'y faire beaucoup de bien. Pendant les deux premières années de son administration la toiture de l'église et du presbytère fut réparée ; toutes les portes de l'église, du presbytère et de la sacristie furent munies de serrures et de verroux ; un coffre-fort fut mis au tabernacle, une porte fut pratiquée au clocher ; les fonts baptismaux reçurent une nouvelle grille ; plusieurs ornements furent achetés, la statue du saint Patron fut remise à neuf ; l'ancienne horloge hors de service céda la place à celle que le quartier possède actuellement ; le mur de la terrasse fut reconstruit ; et l'église s'enrichit des précieuses reliques de la colonne de la Flagellation, de sainte Philomène et de sainte Probe, ainsi que de six reliquaires en carton doré, hors d'usage aujourd'hui. En 1875, le 28 novembre, M. le Curé fit prêcher à cause du jubilé une station de quinze jours par le R. P. Bion, dominicain. Malgré le mauvais temps les exercices furent très bien suivis. Cent vingt paroissiens s'approchèrent de la Sainte Table. A l'issue de ces prédications une croix en fonte sur un piédestal en pierre froide fut placée au quartier des Fabres. La plantation de cette croix eut lieu le 12 décembre et fut présidée par M. le vicaire général Blancard, archidiacre. Le dimanche suivant 19 décembre, le Père Bion, prédicateur du jubilé, érigea canoniquement dans la paroisse la Confrérie en l'honneur de Notre-Dame du Très Saint Rosaire. C'est à dater de ce jour que s'est établi l'usage de réciter le chapelet le dimanche après les vêpres, et dans la semaine avant les offices qui ont lieu le soir. Sur ces entrefaites, M. Faure, aidé des paroissiens, fit l'acquisition de la petite statue de N.-D. du Rosaire que les congréganistes portent processionnellement dans l'église le premier dimanche de chaque mois. Depuis six ans l'école des Accates était privée de ses Frères. Grâce à une entente faite entre leur visiteur, M. le curé Faure et M. Gaspard Nicolas, la paroisse eut l'avantage de les posséder de nouveau depuis l'année 1875 jusqu'en 1878, époque de la laïcisation de l'école.

Le 8 mars 1876 notre vénérable pasteur obtint de Pie IX un bref accordant à l'église les précieux avantages de l'autel privilégié ; il obtenait en même temps de la Mairie la réparation de la chapelle de Saint-Joseph et celle du Sacré-Cœur. Un an après il fit mettre à Notre-Dame des Victoires l'autel en bois qui a été remplacé par l'autel en marbre.

1882 ! C'est l'année de la grande Mission. Cette Mission fut prêchée par les R. P. Mauran et Deltour, qui eurent la joie de distribuer la sainte communion à cent cinquante paroissiens. La statue du Sacré-Cœur perpétue le souvenir de cet événement mémorable.

La paroisse était redevable d'un nouveau bienfait à son vénérable curé. Le souvenir de 1882 ne s'effacera jamais. En cette même année, M. le curé Faure acheta, au prix de 250 francs, la crèche payée par les paroissiens ; un an après, il reçut de la famille Mazet la riche couronne en vermeil qui orne l'ostensoir les jours de grande solennité. Le 15 mars 1885 il fit bénir une cloche, dont le parrain fut M. Paul-Victor Renouard, et la marraine Mlle Henriette Dor. Enfin, en septembre 1886, M. le chanoine Faure fit prêcher par le R. P. Daniel, capucin, le jubilé, qui se clôtura par une communion de cent dix personnes.

Ce jubilé fut la dernière joie que ce bon Curé éprouva dans la paroisse : il fut aussi sa dernière œuvre. Ses infirmités et son grand âge le mirent dans la dure nécessité de résigner ses fonctions. En 1887, il dit adieu aux Accates, et alla se retirer à Marseille chez son neveu, M. l'abbé Faure, alors vicaire à Saint-Pierre et Saint-Paul.

Il vécut pendant six années au sein de sa famille, qu'il ne cessa d'édifier par sa résignation et son humilité. Il eut l'incomparable consolation de célébrer la sainte messe jusqu'au dernier jour de sa vie. Dans la matinée du 15 septembre 1893, il était encore monté à l'autel, et dans la soirée il rendait son âme à Dieu. M. le chanoine Faure avait vécu quatre-vingt-cinq ans. Ses funérailles donnèrent lieu à une belle manifestation de sympathie. Malgré le synode qui était tenu ce jour-là, on y compta plus de soixante-dix prêtres, parmi lesquels deux vicaires généraux et cinq chanoines.

XXI. BAVEREL, Léopold, 1887-1890. — M. l'abbé Léopold Baverel est originaire du diocèse d'Aix. Il est né à Orgon en 1847. Ordonné prêtre en 1873, il a, avant d'être placé à la tête de la paroisse des Accates, exercé les fonctions de professeur pendant quatre ans au Pensionnat du Sacré-Cœur, et pendant dix ans celles de vicaire à Saint-Victor.

Le 15 mai 1887 il fut installé aux Accates par M. Ollivier, son ancien curé ; après avoir fait un séjour de trois ans dans la paroisse, il fut nommé curé de Cassis le 1er janvier 1890. Son successeur fut :

XXII. REY, Augustin, 1890-1893. — M. l'abbé Rey fut ordonné prêtre en 1877. Avant d'être curé des Accates, il fut professeur au Pensionnat du

Sacré-Cœur, vicaire à La Ciotat et à Mazargues ; enfin, aumônier à Notre-Dame de Charité, au Cabot. Ce fut en 1890 qu'il fut nommé curé des Accates, et installé le vingt-six janvier par M. l'abbé Chazal, curé de la Très-Sainte-Trinité. Il donna suite au projet de son vénéré prédécesseur et fit placer le chemin de croix que l'église possède actuellement. La cérémonie de son érection eut lieu le 19 octobre 1890, et fut présidée par M. le chanoine Brusco. Le sermon de circonstance fut prêché par M. l'abbé Baverel. Jusqu'en 1891 la statue de saint Christophe était placée sur un socle ordinaire. Dans le courant du mois de juin, M. l'abbé Rey, aidé de plusieurs personnes généreuses, fit faire une chapelle en l'honneur de ce saint, remplaça le socle par un joli petit autel en marbre, et mit la statue dans la niche qui surmonte l'autel ; c'est-à-dire là où nous la voyons actuellement. Dès que ces travaux furent terminés, des bienfaiteurs s'empressèrent de donner deux candélabres, quatre chandeliers et une croix pour le nouvel autel. Cet autel fut bénit solennellement en juillet 1891 par M. le chanoine Gondran, curé de Saint-Cannat.

Après un séjour de trois ans dans la paroisse, M. l'abbé Rey s'en éloigna le 17 avril 1893 pour aller exercer son ministère à Saint-Pierre-et-Saint-Paul. M. l'abbé Mauran lui succéda.

XXIII MAURAN, Victor, 1893-1895. — Monsieur l'abbé Mauran a été ordonné prêtre en 1876. Il fut sucessivement vicaire à Cuges et à Mazargues, curé de Lascours, vicaire à la Belle-de-Mai et curé de Saint-Joseph. En 1893 Mgr Robert lui confia l'administration de la paroisse des Accates, où il fut installé le 23 avril par M. le chanoine Aycardy. Quoique d'une santé affaiblie, M. l'abbé Mauran travailla cependant avec zèle au bien des âmes. On aimait à suivre ses bons conseils, et à écouter ses sermons toujours instructifs et fort intéressants. Son séjour ici ne fut que de deux années ; pendant ce laps de temps assez court il trouva moyen de faire placer les placards qui sont comme un appendice de la sacristie, d'obtenir de la Mairie la réparation de l'église et du presbytère, et enfin d'enrichir la paroisse des deux belles cloches que Mgr l'Evêque bénit le 27 octobre 1895.

C'est à la même époque qu'il composa son ouvrage : *Elus et Sauvés*. Il n'avait que quarante-cinq ans lorsque l'état de sa santé le contraignit de renoncer à l'exercice de son ministère. Le 28 août 1895 il quitta les Accates et se retira à Lorgues, près de Draguignan.

M. l'abbé Mauran a eu pour successeur le curé actuel.

XXIV. GOUIN, Etienne, 1895. — Ordonné prêtre le 29 juin 1883, M. l'abbé Gouin a été pendant quatre ans professeur à l'école Belsunce sous la direction de M. le chanoine Jauffret, évêque actuel de Bayonne, et pendant huit années vicaire à La Ciotat. Nommé curé des Accates le 1er septembre 1895, il y a été installé le 8 du même mois par M. le chanoine Paranque, curé doyen de La Ciotat. Voici les principaux faits qui ont eu lieu sous son administration jusqu'à ce jour :

1895. — *27 Octobre.* — Mgr Robert bénit les deux cloches dont M. l'abbé Mauran avait fait l'acquisition.

15 Décembre. — Le Révérendissime Père Dom Gauthey, abbé des Bénédictins de Marseille, bénit la statue remise à neuf et l'autel de saint Joseph ainsi que la Sainte Face.

1896. — *Janvier.* — Les deux anciens lustres du sanctuaire sont remplacés.

15 Mars. — Le Révérend Père Jouet, missionnaire du Sacré-Cœur d'Issoudun, bénit la statue de saint Antoine de Padoue.

Avril. — Pose de la lampe du sanctuaire.

3 Mai. — Etablissement de la Congrégation de Notre-Dame du Très Saint Rosaire et de Sainte-Philomène.

3 Mai. — M. le chanoine Paranque bénit les statues de sainte Philomène et de sainte Émilie.

16 Mai. — Acquisition de l'harmonium.

16 Mai. — Don des bancs des choristes.

16 Mai. — Agrégation de la Congrégation à la *Prima Primaria.*

Juin. — Don du reliquaire de saint Christophe.

25 Juillet. — Pose du grand lustre de saint Christophe.

Octobre. — La Sainte Table est dorée et argentée.

4 Octobre. — M. le chanoine Blancard, archidiacre, bénit une nouvelle cloche.

Octobre. — Le maître-autel et celui du Sacré-Cœur sont redorés.

Octobre. — Peinture des chapelles de Saint-Joseph et du Sacré-Cœur.

Octobre. — On introduit l'usage de bénir le blé qui doit être ensemencé.

Octobre. — Dallage de l'église.

Octobre. — La statue de Notre-Dame du Rosaire est repeinte.

3 Novembre. — Inauguration du nouveau système d'éclairage dans l'église.

Novembre. — Acquisition d'un riche conopée drap d'or, ainsi que des chandeliers des autels de Notre-Dame des Victoires, du Sacré-Cœur et de Saint-Joseph.

Décembre. — Acquisition des deux anges placés près de Notre-Dame des Victoires.

1897. — *Janvier.* — Etablissement de l'Association des Enfants de Saint-Christophe.

Février. — Bénédiction du nouvel autel en marbre de Notre-Dame des Victoires.

Juillet. — Bénédiction de la bannière violette de la Congrégation.

Octobre. — La grande croix en bois sculpté de la Congrégation est redorée.

1898. — *Janvier.* — Acquisition d'une chape rouge.

26 Février. — Mort de monsieur Louis Mazet, trésorier de la Fabrique.

11 Avril. — Bénédiction de la bannière des enfants de Saint-Christophe.

22 Avril. — Visite pastorale de Monseigneur Robert.

1ᵉʳ Juin. — Don de l'ornement en drap d'or de première classe.

31 Juillet. — Rétablissement de la fête de saint Eloi ou bénédiction solennelle des chevaux. Cette intéressante cérémonie n'avait plus eu lieu depuis vingt-neuf ans.

Octobre. — Le maître-autel s'enrichit des chandeliers de première classe.

13 Novembre. — Messe du départ des jeunes soldats de la paroisse.

1899. — *Avril.* — Acquisition de quatre reliquaires et de deux châsses en bronze doré.

13 Mai. — Mort de madame Coste, bienfaitrice de la paroisse.

Juin. — L'ancienne statue de sainte Philomène est remise à neuf et honorablement placée dans une niche à la sacristie.

Juillet. — Don des reliques de saint Philippe de Néri, de saint François de Sales, du tombeau de la très sainte Vierge, de la bienheureuse Marguerite-Marie, de saint François d'Assise et de sainte Claire.

11 Novembre. — Mort de monsieur Louis Pons, fabricien.

1900. — *Janvier.* — Etablissement de l'Association de la Bonne Mort.

Juillet. — La grille des fonts baptismaux est dorée et argentée.

IV

Les Prieurs, les Marguilliers, les Fabriciens

Les prieurs étaient les administrateurs de la paroisse au point de vue temporel. Il y en avait toujours deux. Leurs fonctions étaient annuelles.

Lorsqu'ils sortaient de leurs charges à l'époque de la Saint-Christophe, ils assemblaient tous les paroissiens à la fin des Vêpres, et chacun d'eux désignait son successeur.

Les prieurs ont administré la paroisse des Accates depuis l'année 1737 jusqu'à la Révolution, époque de leur suppression.

Par exception, l'année de la bénédiction de l'église chacun des trois quartiers fut représenté par un prieur ; mais depuis 1738 il n'y en eut plus que deux.

1737, Louis Bérenger, Lazare Fabre, Louis Rouman ; 1738, les mêmes ; 1739, Jean-Jacques Coste, Joseph Carbonel ; 1740-1741, Lange Rouman, Langi Rouman ; 1742, J.-B. Bérenger, Balthazard Rouman ; 1744, Roman le Long, Bérenger Pupil; 1746, André Roman, Gaspard Roman ; 1748, Jean Fabre, Jean-J. Carbonnel ; 1750, Joseph Coste, Barthélemi Aubert; 1752, Jean Coste dit Empereur, C. Mourarde ; 1754, Lazare Fabre, Louis Giraud ; 1756, Antoine Fabre, André Bérenger ; 1758, Etienne Fabre, Gabriel Durbec ; 1760, Balthazar Roman, Gaspard Roman ; 1762, I.-B. Coste, Louis Coste ; 1764, J.-J. Carbonel, J.-J. Bérenger ; 1766, Charles Mourarde, J.-B. Coste ; 1768, André Reynier, J.-B. Roman; 1770, Louis Aubert, Etienne Coste ; 1772, J.-J. Roman, Louis Coste ; 1774, Pierre Fabre,

J.-B., Pascal Bérenger ; 1776, Gabriel Durbec, J.-B. Fabre ; 1778, Louis Coste, J.-B. Carbonel ; 1780, André Bérenger, Louis Coste ; 1782, Etienne Coste, Antoine Fabre ; 1784, J.-B. Roman, J.-J. Artufel ; 1786, ; J.-B. Coste, Michel Bérenger ; 1788, J.-J. Béranger, André Roman ; 1790, Louis Coste, J.-B. Bence ; 1792, Louis Chouquet, Jean Artefel ; 1793, Joseph Fabre, Jean-Pierre Fabre.

La tourmente révolutionnaire mit fin à l'existence des prieurs, qui furent remplacés au mois d'avril 1811 par les Fabriciens et les Marguilliers.

Voici les noms des Fabriciens et Marguilliers de la paroisse depuis le mois d'avril 1811, époque de la formation du Conseil de Fabrique.

Messieurs Artufel, Jean-Baptiste ; Bérenger, Jean-Louis ; Bérenger, Jean-Pierre ; Borrély, Jean-Baptiste ; Berniaud, Fabien ; Caillol, Martin ; Camoin, Sébastien ; Camoin, Joachim ; Chabert, Elie ; Comte, Honoré ; Durbec, Simon ; Fabre, Laurent ; Fabre, Joseph ; Fouillot, Augustin ; Goume, Alexis ; d'Isoard, Jean-Baptiste ; Lions, Dominique ; Marcel, Romain ; Martin de la Rouvière ; Martin, Théophile ; Mazet, François ; Mazet, François-Etienne-Claude ; Mazet, Louis ; Michel, Germain ; Nicolas, Toussaint ; Nicolas, François ; Olive, Généreux ; Olive, Joseph ; Paris ; Petit, Jean-Baptiste ; Pons, Louis ; Véro, Esprit.

Composition du Conseil de Fabrique actuel :

Paulin Grosson, président ; Jean-Louis Durbec, trésorier ; Esprit Fabre, secrétaire ; Gaspard Mazet, membre ; François Fabre, membre.

BUREAU DES MARGUILLIERS :

Paulin Grosson, président ; Jean-Louis Durbec, trésorier ; Esprit Fabre, secrétaire.

Sous l'administration de monsieur l'abbé Gouin, curé actuel, les Accates ont eu le regret de perdre deux fabriciens toujours entourés de l'estime générale. La mort de monsieur Louis Mazet et de monsieur Louis Pons a fait un grand vide dans la paroisse. *La Croix de Marseille* a consacré à ces chers défunts les articles nécrologiques que voici :

« Le dimanche 26 février, la pieuse paroisse des Accates était en deuil. Elle pleurait la mort d'un homme de bien, dans toute l'acception du mot. M. Louis Mazet fut le protégé, l'ami du regretté M. Nicolas, son auxiliaire dévoué à son cher sanctuaire de la Salette, l'intègre administrateur de ses riches propriétés, que le vénéré défunt légua à ses neveux, continuateurs de ses bonnes œuvres. Vrai modèle de vertus privées et d'amour familial, M. Louis Mazet était l'homme le plus influent de sa modeste paroisse, protecteur des ouvriers, soutien des pauvres, conseil éclairé de tous, aide puissant du curé au Conseil fabricien, aux cérémonies de l'église et surtout à l'école catholique. Chaque automne, il prenait la sacoche et allait quêter à domicile pour l'école paroissiale, et nul ne refusait son offrande au saint M. Louis. M. l'abbé Gouin, qui mieux que personne comprend le vide immense causé par cette mort imprévue, a dit avec l'éloquence du cœur, devant le cercueil, les qualités de ce grand chrétien, surtout sa mort édifiante.

« Ses funérailles ont été émouvantes : des prêtres, parents ou amis du défunt ; la chorale d'hommes, formée en grande partie par son zèle ; sous son étendard, le cercle de Saint-Christophe, réunion de frères dont le défunt était un des principaux fondateurs ; les demoiselles choristes ; les congrégations avec leurs bannières, et tous les hommes sans exception, les bourgeois en tête, formaient ce religieux cortège. Que de larmes et que de prières ! Même ici-bas Dieu honore ses élus » (1).

Un an après la mort inexorable faisait une nouvelle victime dans le sein du Conseil de Fabrique. M. Louis Pons rendait pieusement son âme à Dieu le 11 novembre, à l'âge de 86 ans. L'excellente *Croix de Marseille* écrivait à cette occasion : « Dimanche ont eu lieu les funérailles d'un bon et fervent chré-

_____

(1) *Croix de Marseille*, 6 mars 1898.

tien, un modèle de sagesse, de probité et de foi vive :
l'excellent vieillard M. Pons, membre de la Fabrique
de la paroisse, père d'une famille vraiment patriarcale
et très religieuse, a été accompagné à l'église et au
cimetière par toute la population et tous les environs.
Toutes les associations s'y trouvaient réunies, et on
peut dire sans exagérer que cette mort a été un deuil
pour tout le pays. Qu'il est beau de vivre et mourir
ainsi en véritable chrétien ! Le souvenir en demeu-
rera gravé dans tous les cœurs. C'est une consolation
qu'il nous fut rarement donné de sentir avec une si
grande force que dimanche dernier ! Bienheureux
ceux qui meurent dans la paix du Seigneur ! » (1).

V

**Congrégations. — Associations. — Œuvres de
la Propagation de la Foi, de la Sainte-Enfance,
de Saint-François de Sales. — Chœur.**

Plusieurs dévotions, confréries et congrégations
ont été établies autrefois dans la paroisse ; nous nous
contentons de les mentionner en passant, parce que
de nos jours elles n'existent plus.

(1) *Croix de Marseille*, 19 novembre 1899.

En 1753, les Pères Capucins qui prêchèrent la Mission établirent l'adoration perpétuelle du Très Saint Sacrement les dimanches et fêtes.

En 1759, il est question dans les archives d'une confrérie du Rosaire.

Le 8 janvier 1863, **M.** le curé Long fait agréger la confrérie de la paroisse à l'archiconfrérie du Très Saint et Immaculé Cœur de la Bienheureuse Vierge Marie, établie à Notre-Dame des Victoires à Paris.

En 1865, **M.** le curé Long fait ériger canoniquement la confrérie du Sacré-Cœur de Jésus.

Création de l'archiconfrérie de Notre-Dame de la Salette.

En 1867, **M.** le curé Borelli forme un congrégation de femmes et de filles.

En 1874, **M.** le curé Faure établit une congrégation de jeunes filles âgées de moins de quinze ans, et les place sous la protection de sainte Philomène.

Toutes ces associations, congrégations et confréries ont cessé de vivre depuis bien des années.

I. Congrégation de Notre-Dame du Très Saint Rosaire et de Sainte-Philomène. — La congrégation des femmes et des demoiselles, placée sous le double vocable de Notre-Dame du Très Saint Rosaire et de Sainte-Philomène, a été approuvée par Mgr Robert le 25 mars 1896 et agrégée à la *Prima*

Primaria le 16 mai de la même année. Depuis le jour de sa fondation, elle a à sa tête Mlle Mazet, véritable providence de la paroisse et digne sœur du saint M. Louis, dont le souvenir demeure toujours gravé dans tous les cœurs. Aux avantages spirituels, la congrégation joint celui d'assurer à ses membres malades deux personnes pour les veiller chaque nuit jusqu'à la fin de leur maladie.

II. Association des Enfants de Saint-Christophe. — Cette petite association, qui a trois ans d'existence, a pour but de donner aux garçons de la paroisse l'instruction et l'éducation chrétiennes que le malheur des temps ne permet plus de donner dans les écoles communales. Dans la belle saison, ces enfants se réunissent chaque matin à l'église pendant une demi-heure.

III. Association de la Bonne Mort. — Elle a pour but de procurer à ses membres de nombreuses prières pour le moment de leur mort et pour le temps qui suivra. Elle a été établie aux Accates le 1er janvier 1900. Elle compte plus de 200 associés.

IV. Œuvre de la Propagation de la Foi. — Elle a été fondée à Lyon en 1815, pour venir au secours des missionnaires dans toutes les parties du monde.

V. Œuvre de la Sainte Enfance de Jésus. — Cette œuvre, qui a pour objet le rachat des petits enfants infidèles, a été créée en 1843 par Mgr de Forbin-Janson, évêque de Nancy.

VI. Œuvre de Saint-François de Sales. — Cette association catholique, établie à Marseille depuis le mois de février 1861, a pour but la conservation et la défense de la foi.

VII. Le Chœur des Hommes et des Demoiselles. — Les hommes et les demoiselles de la paroisse ont toujours aimé à chanter les louanges de Dieu. Ce goût pour le chant religieux est comme un héritage qui se transmet des parents aux enfants. Les jours de fête on se plaît à entendre les voix mâles et graves des jeunes gens et de leurs pères s'unir pour le chant des grands'messes solennelles à celles des jeunes filles zélées qui se reposent de leurs durs labeurs en ornant les autels et en publiant les gloires du Très-Haut. Impossible de parler du chant aux Accates sans faire une mémoire particulière de MM. Pierre Faure, Louis Mazet, Louis Pons, Pierre Fabre, P. Grosson, Prosper Pellet, et surtout de Mme Petit. C'est Mme veuve H. Coste qui a donné l'harmonium en 1896 ainsi que les bancs des choristes.

VI

Cercle Saint-Christophe

Les hommes de notre quartier qui consacrent en général tous les jours de la semaine aux travaux des champs, se retrouvent ensemble le samedi soir et dans la journée du dimanche au Cercle Saint-Christophe. C'est une paisible réunion d'amis, on pourrait dire de frères, tellement les cœurs y battent à l'unisson. C'est à l'initiative de monsieur le curé Long que la paroisse est redevable de cet établissement. Le cercle fut inauguré solennellement et bénit le 20 février 1859.

Les premiers administrateurs

Le 27 février, dimanche suivant, les membres du Cercle procédèrent aux élections des administrateurs. Furent élus :

MM. l'abbé Honoré Long, curé de la Paroisse, *président ;*

Gaspard Nicolas, négociant propriétaire, *vice-président ;*

Blanchard, père, propriétaire, *secrétaire ;*

André Mazet, commis, *vice-secrétaire ;*

MM. François Mazet, propriétaire, *trésorier ;*
Jean Fabre, propriétaire, et Camoin père, *au-
diteurs des comptes.*

Les premiers membres du Cercle

Tous les membres actuels du Cercle seront satisfaits, nous en avons l'assurance, de connaître les
noms de leurs aînés qui en ont fait partie les premiers. Les voici par ordre d'inscription dans le
registre.

1859

MM. Long, Honoré ; Nicolas, Gaspard ; Saurin,
Eugène ; Blanchard ; Fey, Joseph ; Richaud, Bap-
tistin ; Nicolas, François ; Mazet, Louis : Goume.
Prosper ; Rigaud, J.-B.; Michel, Pierre Artufel,
François ; Camoin, Christophe ; Fabre, Esprit ;
Délestrade, Frédéric ; Fabre, Prosper ; Cidore, Pas-
cal ; Pons, Louis ; Artufel, J.-B.; Fabre, Laurent ;
Pons, Louiset ; Roman, Christophe ; Aillaud, Lau-
rent ; Laurin, Louis ; Roux, Félix ; Julien, Marius ;
Olive, Marius ; Mazet, François ; Blanc, Marc ;
Baille, Antoine ; Mazet, André ; Nicolas, Eugène ;
Fabre, Jean ; Camoin, Joseph ; Bérenger, Jacques ;
Borelly, Jean ; Borelly, Louis ; Aillaud, Pierre ;
Dubaule, Antoine ; Long, Etienne ; Maurin, Barthé-
lemy ; Roux, Honoré ; Michel, Fortuné ; Michel,
Paulin ; Olive, J.-B. ; Lary, Eugène ; Camoin,

J.-B.; Fraize, Félix ; Durbec, Louis ; Fabre, Lazare ; Roux, Pierre ; Durbec, Thomas ; Baille, Darius ; Fabre, Balthazar ; Fabre, André ; Cidore, Joseph ; Cidore, Etienne ; Laugier, Casimir ; Cidore. Baptistin ; Fouque, Auguste ; Durbec, Romain ; Michel, Hippolyte ; Hug cadet ; Bérenger, Henri ; Laugier, Pierre ; Laugier, Honoré ; Dauphin, Charles ; Durbec, Gabriel ; Artufel, Joseph ; Durbec, Paulin ; Durbec, Joseph ; Chabert, Etienne.

Visite de Monseigneur de Mazenod, évêque de Marseille, et de M. Lagarde, maire de Marseille

Le Cercle comptait à peine un an d'existence lorsqu'il fut doublement honoré par la visite du premier pasteur du diocèse en tournée de confirmation, et par celle du premier magistrat de la ville. Sur la demande de M. le curé Long, M. le maire Lagarde voulut bien se trouver aux Accates le 3 mai, jour fixé pour la confirmation ; et à l'issue de la cérémonie, les deux représentants de l'autorité religieuse et de l'autorité civile se rendirent au Cercle à la suite du cortège formé par ses membres. Mgr Charles-Joseph de Mazenod était accompagné de M. le chanoine Carbonnel, secrétaire général de l'Évêché ; de MM. les abbés Long, curé des Accates ; Corréard, curé de La Valentine ; Sicard, curé des Camoins ;

Jourde, curé de Saint-Menet ; Grimaud, curé d'Éoures, et Ricard, curé de La Penne.

Sa Grandeur, ainsi que M. le Maire, furent harangués par M. Eugène Nicolas.

Mgr de Mazenod et M. Lagarde adressèrent leurs félicitations aux membres du Cercle, et les remercièrent de la manière dont ils les avaient reçus. Quelques années après, Mgr Cruice, successeur de Mgr de Mazenod, daigna aussi faire une visite au Cercle.

Les sentiments des membres actuels sont tels que ceux de leurs devanciers ; nous le constatons avec bonheur, et nous sommes heureux de répéter que M. le curé Long en créant cet établissement a rendu un réel service à notre quartier. Voici les noms de MM. les présidents qui ont été à la tête du Cercle Saint-Christophe depuis sa fondation jusqu'à nos jours :

MM. l'abbé Long, curé, 1859-1866 ; Louis Mazet, 1866-1872 ; Esprit Fabre, 1872-1874 ; Balthazar Fabre, 1874-1875 ; Louis Audibert, 1875-1877 ; Eugène Bérenger, 1877-1880 ; Darius Baille, 1880-1881 ; Louis Mazet 1881-1886 ; Esprit Fabre, 1886-1889 ; Etienne Delestrade, 1889-1891 ; François Fabre, 1891-1894 ; Barthélemy Durbec, 14 janvier 1894.

VII

L'École paroissiale des Filles

Comprenant les services signalés qu'une école chrétienne pouvait rendre à notre paroisse, tant au point de vue de l'instruction qu'au point de vue de l'éducation et de la piété, M. Gaspard Nicolas voulut en doter les Accates. Ce fut au mois d'avril 1867 que les Religieuses Trinitaires de Sainte-Marthe vinrent dans notre quartier au nombre de trois pour exercer leur ministère. A l'une d'entre elles incombait la direction de l'école ; à l'autre, le soin de la maison, et à la troisième la visite des malades. La population comprit bien vite les services que pouvaient rendre ces Sœurs dévouées et eut pour elles un attachement qui ne s'est jamais démenti. La Municipalité elle-même, partageant sur ce point les sentiments des paroissiens, reconnut l'école comme communale et prit à sa charge les frais qu'elle occasionnerait.

Tout alla très bien pendant dix-huit ans ; mais en 1885 le vent de laïcisation à outrance qui soufflait un peu partout avec fureur, se fit sentir jusqu'aux Accates et l'école fut laïcisée au mois d'octobre de la même année. On fut alors témoin d'un spectacle peu banal, prouvant tout à la fois le bon sens et les sentiments chrétiens des parents. Pendant le séjour d'un an que les laïques firent dans la paroisse, elles n'eurent pas *une seule enfant* du quartier ; et lorsque, à la fin de l'année scolaire, le bail fut arrivé à son terme, la Municipalité ne trouva personne qui consentît à lui louer un appartement pour une école sans Dieu. L'institutrice privée d'élèves dut quitter la paroisse. Qu'étaient devenues pendant ce temps les petites filles de la localité ? Ne pouvant plus retourner dans leur école où n'étaient plus ni le crucifix, ni le catéchisme, ni la bonne Sœur, elles reçurent pendant un an une généreuse hospitalité dans la campagne La Greline. C'est dans cette propriété que la religieuse continua à faire la classe à toutes les petites filles sans exception. Cet exil dura douze mois. En octobre 1886 les enfants joyeuses purent accompagner leurs maîtresses dans l'ancien local, dont la commune avait cessé d'être locataire. Une belle cérémonie religieuse présidée par M. l'archidiacre Blancard eut lieu à l'occasion de ce retour.

Le 25 octobre de l'année suivante, Mgr Robert daigna honorer l'école de sa visite (1).

C'est par les mains des Religieuses Trinitaires

(1) Après avoir fait ses adieux aux religieuses et à leurs élèves, Mgr Robert alla faire une visite de condoléance au sieur Firmin Chauméry, dont le fils venait de mourir à l'hôpital militaire.

qu'ont été formées presque toutes les femmes et les jeunes filles de la paroisse ; nous n'avons qu'à nous en féliciter, et nous sommes heureux de voir leurs enfants ainsi que leurs sœurs placées sous la même direction. Le passé nous est une garantie pour l'avenir. La reconnaissance nous fait un devoir de donner les noms des religieuses dévouées auxquelles les mères ainsi que leurs enfants doivent leur instruction et leur éducation ; ce sont les Sœurs : Saint-Théodore, 1867-1881 ; Saint-Augustin, 1881-1888 ; Saint-Théodore, 1888-1896 ; Saint-Eucher, 1896-1899 ; Saint-Augustin, 1899.

VIII

École communale des Garçons

Jusqu'en 1867 le quartier était dépourvu d'écoles. Les enfants étaient contraints de se rendre soit à La Valentine, soit ailleurs pour recevoir l'instruction. C'est à cette époque que M. Gaspard Nicolas créa l'école des filles dont il vient d'être parlé, ainsi que celle des garçons. Il confia la direction de cette dernière aux Frères du Sacré-Cœur, auxquels il fournit le mobilier nécessaire pour eux et pour les classes. Ces Frères, au nombre de trois, ne firent pas un long séjour dans la paroisse. A la suite de difficultés imprévues ils furent cédés à M. le curé de La Valentine, et les Accates furent privées du bienfait de leur présence pendant six ans. En 1874, sur les instances de M. Gaspard Nicolas il fut décidé qu'un Frère se détacherait de La Valentine pour venir professer au Cercle de Saint-Christophe ; ce qui eut lieu. Au mois d'octobre de la même année le quartier eut l'avantage de posséder deux de ces Frères à demeure fixe. M. Gaspard Nicolas acheta pour leur logement et leurs classes la maison occupée actuellement par la famille Eugène Durbec. En 1876 le Conseil Municipal vota une subvention en faveur de l'école, et en 1877 la commission municipale la reconnut comme communale. Malheureusement cette commission municipale cessa d'exister avant que sa délibération n'eût reçu du Conseil Général et du ministre de l'Instruction publique l'autorisation requise, et le nouveau Conseil Municipal dans une réunion tenue en 1877 proclama à l'unanimité cette école laïque. M. le curé Faure, obligé de subir la révocation des congréganistes, fit des démarches auprès de l'inspecteur d'Académie et obtint de lui un instituteur qui par ses qualités fit oublier à la population la privation des Frères. Cet instituteur, qui sut bien vite s'attirer l'estime et la sympathie de tous les habitants, fut M. Gras, qui vint s'établir aux

Accates à la mi-mars 1878. Nous sommes heureux de reconnaître et de dire que tous ses successeurs sans exception ont marché sur ses traces. Voici les noms de MM. les instituteurs qui depuis vingt-deux ans se sont succédé à la tête de l'école :

MM. Gras, Gay, Guigard, Michel, Pujolle, instituteur actuel.

IX

Le Cimetière

On se souvient que, lorsqu'en 1736, Mgr de Belsunce autorisa la construction de l'église, il voulut qu'en dessous, des caveaux fussent construits pour la sépulture des paroissiens.

Les inhumations s'y firent depuis lors jusqu'en 1777, époque où un édit royal interdit d'enterrer les morts dans les églises, et les corps y restèrent ensevelis jusqu'en 1866; à cette date, on les transporta dans le nouveau cimetière.

L'ANCIEN CIMETIÈRE. — Depuis l'année 1777 jusqu'en 1819, la paroisse fut privée de cimetière. Pendant ces quarante-deux ans, les corps de ses défunts furent portés soit à Saint-Menet, soit à La Valentine, soit aux Camoins.

Enfin en 1819, deux excellents paroissiens, MM. J.-B. Isoard et Jean-Louis Bérenger, donnèrent un emplacement convenable pour cette fin.

Après avoir voté des remerciements aux généreux donateurs, le Conseil de Fabrique se mit en devoir de faire les formalités légales. M. de Cibon, maire de Marseille, et M. le comte de Villeneuve, préfet des Bouches-du-Rhône, donnèrent leur autorisation et les travaux furent commencés. Ils durèrent deux mois et s'élevèrent à la somme de trois cent seize francs ; cette somme, avancée à l'entrepreneur maçon par la Fabrique des Accates, fut payée plus tard par le Gouvernement. Ce cimetière, qui mesurait cinquante mètres carrés, fut construit sur l'emplacement possédé de nos jours par MM. Foucauld et Rouffio.

Les travaux de construction furent confiés à Jean de Camp, entrepreneur maçon. Comme la Fabrique ne pouvait pas trouver dans sa caisse l'argent nécessaire pour le payer, elle pria les notables du quartier de le lui prêter : madame Roi, madame d'Isoard, madame Caillol et M. André Fassy s'empressèrent de répondre à son appel (1).

Le 8 août 1819, M. le curé Teissier, autorisé par M. Martin, vicaire général capitulaire du diocèse

___

(1) Registre des actes de 1819.

d'Aix et d'Arles, bénit solennellement le cimetière, en présence de toute la population accourue pour assister à cette touchante cérémonie. Quelques mois après, la première tombe s'ouvrit pour recevoir la première personne décédée dans la paroisse : ce fut madame Prosper-Xavier-Adolphe Grosson, née Catherine-Rosalie Sigaud, qui y fut inhumée à l'âge de cinquante ans, le 14 janvier 1820. L'année suivante, on reconnaissait l'insuffisance de ce cimetière ; le Conseil de Fabrique, aidé par M. d'Isoard qui céda encore gratuitement une parcelle de terrain, le fit agrandir à ses frais en 1823. Des abus s'introduisirent insensiblement, et des pierres sépulcrales furent placées dans le cimetière ; le maire de Marseille écrivit à ce sujet une lettre de protestation à M. le curé Arène. Cette lettre est datée du 13 novembre 1845.

En 1847, le cimetière était devenu insuffisant ; il était impossible de laisser pendant cinq ans les corps dans les fosses, ce qui était tout à fait contraire aux règlements. Le Conseil de Fabrique signala ce désordre aux autorités compétentes, qui accueillirent favorablement sa requête. Par sa délibération du 20 mars 1855, le Conseil Municipal vota la translation du cimetière et fit choix d'un emplacement destiné pour le nouveau. Le préfet des Bouches-du-Rhône, par son arrêté du 29 décembre 1855, en autorisa la création ; le procès-verbal de la réception des travaux fut dressé le 25 octobre 1856, et par ordre de M. Honorat, maire de Marseille, l'ancien cimetière fut fermé le 31 janvier 1857.

Ce cimetière avait été à l'usage de la paroisse pendant trente-sept ans ; dans ce laps de temps, deux cents corps y furent inhumés. Le dernier qui y reçut la sépulture fut celui de Anne-Augustine Pons, décédée le 26 octobre 1856. Cette enfant, âgée de quatre ans, était fille de Louis Pons et de Marguerite-Rose Durand.

LE CIMETIÈRE ACTUEL. — L'emplacement du cimetière actuel, qui contient environ 680 mètres carrés, a été vendu à la commune de Marseille en 1855 par M. J.-B. d'Isoard, au prix de sept cents francs : ce propriétaire céda gratuitement le chemin qui du village va au cimetière. C'est ce qui résulte de la délibération du Conseil Municipal portant la date du 20 mars 1855. Cette délibération indique aussi les motifs pour lesquels on ne put pas agrandir l'ancien cimetière, et les raisons qui militaient en faveur du terrain possédé par M. d'Isoard (1).

Ce fut peu de temps avant le départ de M. Arène, le 31 janvier 1857, que le cimetière actuel fut ouvert ;

____

(1) Archives de la mairie, 1855, page 316, registre des délibérations.

c'est en cette année qu'il fut bénit ; les archives paroissiales n'en font cependant point mention ; nous avons eu connaissance de cette bénédiction par des paroissiens qui y ont assisté. Le 21 avril, on y procédait à la première inhumation : on y apportait le corps de Pauline Michel, fille d'Hippolyte Michel et de Thérèse-Rose Mathieu.

En 1873, Mgr Place, évêque de Marseille, visita le cimetière et y donna l'absoute pour tous les paroissiens décédés.

Défense d'avoir des tombes particulières dans le Cimetière.

Quoique le cimetière actuel soit trois fois plus grand que l'ancien (l'ancien mesurait soixante mètres carrés, et celui de nos jours en mesure cent quatre-vingts), il est pourtant interdit d'y construire des tombeaux. M. Rouvière, maire de Marseille, rappela cette défense aux Fabriciens des Accates dans une lettre datée du 26 janvier 1863.

Pourrait-on, de nos jours, construire des tombes dans le cimetière ? On ne le pourrait pas plus qu'en 1863 : c'est ce qui nous a été répondu tout récemment par le conservateur préposé à la garde de tous les cimetières de Marseille et de la banlieue. Cette défense de faire des tombeaux dans le cime-tière des Accates est motivée par son exiguïté ; et jusqu'à ce jour les dispositions de la circulaire municipale de 1863 n'ont été modifiées par aucun maire.

X

Les Carraires (1)

Le quartier des Accates est sillonné par trois carraires : nous pourrons appeler la première : Carraire du Nord ; la seconde : carraire des Treize-Vents et la troisième carraire de la Clüe.

1° La première entre dans le quartier au Vallon d'Embrégou et en sort à la propriété Jouvin, d'où elle va jusqu'aux Quatre-Chemins de Saint-Jullien. Elle traverse le quartier dans la direction de l'Est à l'Ouest. Au Nord, elle délimite les communes et paroisses des Accates et d'Allauch. Cette carraire a toujours le bois de la Vieille à sa droite ; à sa gauche, elle a Le Four (propriété Mazet), Canari (propriété Grosson), ainsi qu'une partie du

(1) Les *carraires* ou *carreirades* sont de larges chemins par lesquels les troupeaux peuvent passer à l'aise et trouver en même temps leur nourriture. Les *draïes* sont des sentiers particuliers qui conduisent aux pâturages de la commune et aux carraires. Par la *calade* (du mot *callis*, brebis) on entend le chemin des troupeaux. (Méry, *Histoire de la commune de Marseille*, t. I, p. 156.

bois de la Vieille. Elle sort des Accates près des Croisières.

2° La carraire des Treize-Vents, qui part d'Allauch, entre dans le quartier des Accates aux Croisières, en sort au chemin des Camoins et va aboutir à la Milhière. Sa direction est du Nord au Sud. Elle a à sa droite le bois de la Vieille, les Romans, la chapelle de Saint-François, et après avoir traversé le Canal au tunnel, elle a toujours à sa droite le Vallon, Fatigon, le Village, l'Eglise, le Galetas et Lescaze. A sa gauche elle a le Frisat, campagne Vivian, le sanctuaire de N.-D. de la Salette, la Giraude, les Fenêtres-Rouges, Saint-Père, campagne Rouffio, la Greline et la Cypière.

3° La troisième part du Vallat de la Clüe, de la carrière Grosson ; elle suit la direction de l'Est à l'Ouest jusqu'à la campagne Vivian : là elle entre dans la carraire que nous avons surnommée des Treize-Vents. A sa droite elle a Menpenti, la propriété Camoin et Féraud ; à sa gauche elle a Favori, la propriété Casimir Fabre, la Vidale, la Giraude et Cabrile dit Caprile.

XI

Le Vallat de la Clüe ou Grand Vallat
Le Canal

La Paroisse des Accates est située en très grande partie sur la rive droite de la Clüe, qui aux Quatre-Saisons prend le nom de Grand-Vallat.

Le Vallat de la Clüe a sa source dans le vallon d'Embrégou, il descend des hauteurs de Barbaraou (campagne Almès). Il reçoit dans son parcours les affluents suivants :

1° Le ruisseau descendant du château de Montespin;

2° Le ruisseau qui descend de la Vieille ;

3° Celui du vallon d'Encabri ;

4° Le ruisseau des Douces ;

5° Celui de Canari ;

6° Celui de Pijounino : il descend de la campagne Vivian, traverse le Vallon de Féraud et se jette dans le Vallat de la Clüe à l'Escarbouzière ;

7° Le ruisseau de Menpenti ;

8° Le Vallat de Carpoulière. Ce vallat a sa naissance à Martelène (au Nord de la Treille, auprès de Tête-Rouge) et se joint à celui de la Clüe aux Quatre-Saisons;

9° Le ruisseau de Pique-Nouïe, qui traverse les Romans, le Vallon, le Galetas, la Greline, la Cypière ;

10° Celui qui vient de la Caillole, traverse la Denise et se jette dans le Grand Vallat au siphon.

Le Canal, dont les eaux rendent au quartier d'immenses services, a été construit en 1846.

[illegible]

[illegible]

[illegible]

[illegible]

[illegible]

[illegible]

TABLE DES MATIÈRES

CHAPITRE III

Le Vallon des Romans

CHAPITRE IV

La Paroisse des Accates

www.ingramcontent.com/pod-product-compliance
Ingram Content Group UK Ltd.
Pitfield, Milton Keynes, MK11 3LW, UK
UKHW021908070726
13613UKWH00001B/400